V. DAUPHINÉ ET L. HUMBERT

L'INVASION ALLEMANDE

EN 1870

DANS L'ARRONDISSEMENT DE SENS

SENS

DUCHEMIN, IMPRIMEUR-ÉDITEUR

1904

L'INVASION ALLEMANDE

DANS

L'ARRONDISSEMENT DE SENS

PAR

V. DAUPHINÉ

INTERPRÈTE DE L'ADMINISTRATION MUNICIPALE

ET

Louis HUMBERT

JOURNAL D'UN SÉNONAIS

PENDANT L'INVASION

12 Novembre 1870 — 26 Mars 1871

SENS

DUCHEMIN, IMPRIMEUR-ÉDITEUR

M DCCCC IV

AVANT-PROPOS

La première édition de ce livre, publiée en 1871, commençait par ces mots : « On a pensé qu'un récit des événements passés à Sens et dans les environs, pendant tout le temps qu'a duré l'occupation étrangère, serait lu avec quelque intérêt. On l'a fait au jour le jour et dans le seul but de rappeler exactement ces événements. Grâce à d'obligeantes communications, on a pu y joindre les pièces allemandes et françaises qui sont les documents essentiels de cette histoire locale. »

Cette première édition, reproduction de notes publiées en feuilleton dans *le Sénonais,* est depuis longtemps épuisée. L'éditeur, en la réimprimant telle qu'elle avait paru, a pensé qu'il était préférable de ne rien changer au premier texte. Le modifier, c'eût été lui faire perdre toute sa valeur de document historique et peut-être donné lieu à des polémiques inutiles. D'ailleurs l'un des auteurs est mort depuis longtemps ; l'autre, qui a quitté Sens en 1873, n'a plus que des souvenirs lointains et effacés de ce qu'il avait pu voir ou entendre. Il n'aurait donc pu que s'adresser à d'autres témoins dont il lui eût été fort difficile de contrôler les récits ; libre à ceux-ci de publier à leur tour leurs souvenirs et d'apporter de nouveaux documents à nos futurs historiens.

Il a paru bon à l'éditeur d'ajouter dans ce nouveau volume, d'abord ce qui avait paru dans *le Sénonais*, sans être réimprimé dans la première édition : l'*Invasion dans les communes de l'arrondissement*, ensuite un extrait de la *Revue du Cercle militaire*, dû à la plume d'un officier, le *Pillage de Sens par les Hessois*.

Le volume offrira ainsi plus d'intérêt et répondra mieux au but que s'était jadis proposé MM. Dauphiné et Humbert.

PRÉFACE DE LA PREMIÈRE ÉDITION

On a pensé qu'un récit des événements qui se sont passés à Sens, et dans les environs, pendant tout le temps qu'a duré l'occupation étrangère serait lu avec quelque intérêt. On l'a fait au jour le jour et dans le seul but de rappeler exactement ce qui s'était passé. Grâce à d'obligeantes communications, on a pu y joindre les pièces allemandes et françaises qui sont les documents essentiels de cette histoire locale.

Ces notes, écrites un peu à la hâte, ont paru en feuilleton dans le journal LE SÉNONAIS. L'éditeur a bien voulu en tirer à part deux cents exemplaires. Pendant l'impression, quelques erreurs, quelques oublis sans importance, du reste, ont été signalés. Si les lecteurs font bon accueil à cet ouvrage, peut-être les auteurs se décideront-ils à publier une seconde édition plus complète.

Sens, le 1er novembre 1871.

V. DAUPHINÉ — L. HUMBERT.

JOURNAL D'UN SÉNONAIS

PENDANT L'INVASION

12 Novembre 1870 — 26 Mars 1871

---

12 Novembre

Les Prussiens sont annoncés pour aujourd'hui samedi : cette fois, il n'y a plus à en douter, nous aurons la douleur de les voir à Sens. Il était impossible à 1500 gardes nationaux, qui n'avaient que de mauvais fusils, de se défendre contre une armée d'au moins 100000 hommes, munie d'une artillerie formidable. La résistance n'aurait servi qu'à exposer la ville au bombardement, les magasins au pillage, les femmes et les enfants aux violences et à la mort. Il a été sagement décidé que nous nous soumettrions à la force. Les mobilisés ont quitté Sens depuis hier soir ; nos fusils ont été renvoyés à Auxerre, qui se dit décidé à s'en servir mieux que nous ; les uniformes des gardes nationaux ont disparu, et le sous-préfet s'est prudemment replié au delà des tranchées faites sous la direction de M. Lévy, ingénieur des ponts et chaussées.

Depuis le matin, la rue Thénard est très animée ; des groupes de badauds s'y forment ; les plus curieux s'avancent jusqu'au faubourg Saint-Savinien. A 10 heures et demie, un cavalier arrive au galop annonçant que les Prussiens sont derrière lui. Le maire, M. Querelle, est allé à leur rencontre leur dire que la ville ne se défendrait pas et éviter ainsi tout acte d'aggression. L'officier qui commande l'avant-garde lui déclare qu'il prend possession de la ville de Sens au nom de S. M. Guillaume.

Voici bientôt les uhlans, avec leurs petits drapeaux blancs et noirs : par groupes de huit ou dix, ils parcourent au grand trot les rues principales et les boulevards. Quelques-uns s'arrêtent près de la porte Dauphine et réquisitionnent du tabac chez le débitant Brochot. D'autres, plus nombreux, prennent position sur la place de la cathédrale ; ils sont bientôt rejoints par deux compagnies de chasseurs à pied qui se sont fait amener sur des voitures prises aux paysans. Les curieux les entourent ; on cherche à leur parler, et, pour engager la conversation, on leur offre des cigarettes : quelques personnes ont déjà oublié qu'ils sont nos ennemis.

Pour cette fois, ils ne seront pas logés chez les habitants ; ils craindraient de se séparer. D'après leur demande, on leur prépare des logements et de la nourriture : pour les officiers, à l'hôtel de *l'Ecu* ; pour les soldats, dans plusieurs auberges.

Le tambour de ville annonce dans l'après-midi

que les habitants qui auraient des armes ou des munitions de guerre doivent les reporter à la mairie, que toute l'avoine battue doit être remise à l'armée allemande, et qu'à partir de 8 heures, la circulation est interdite dans la ville.

Sur le soir, un officier, accompagné de plusieurs soldats, se fait livrer les armes qui ont été apportées à la mairie : elles sont brisées dans la cour et mises en tas.

Dès 7 heures, les rues sont désertes, les magasins fermés, et c'est à peine si on aperçoit de la lumière à quelques fenêtres.

13 Novembre

Les Prussiens d'hier étaient, paraît-il, des Prussiens exceptionnels. On n'a eu qu'à se louer de leurs officiers, tous polis, peu exigeants et désireux de diminuer les lourdes charges qui doivent peser sur la ville. Un de leurs hommes avait pris des cigares dans un bureau de tabac et était parti sans les payer ; le débitant est allé, dit-on, se plaindre au capitaine qui l'a aussitôt remboursé. Serons-nous toujours aussi bien traités ?

La plus grande partie de ces Prussiens sont partis dans la matinée ; ils ont été remplacés par d'autres, au nombre de 1244 qui, cette fois, ont de l'artillerie avec eux : quatre canons sont braqués sur la place Saint-Étienne, de manière à pouvoir balayer, en cas d'attaque, la rue Dauphine et la rue Royale.

Les officiers qui commandent ce détachement,

avant d'entrer en ville, ont fait mander au faubourg Saint-Savinien le maire et les adjoints et leur ont donné l'ordre de faire préparer, pour le surlendemain, huit mille rations de pain, huit mille rations de viande rôtie et du cuir en grande quantité.

Pendant que la mairie fait préparer des vivres pour les soldats et que les officiers commandent un copieux déjeuner à l'hôtel de *l'Ecu*, de trop nombreux curieux stationnent près des artilleurs et se montrent par leur empressement autour d'eux et leur désir, exprimé par gestes, de connaître le maniement de ces pièces nouvelles pour nous, peu sensibles à la douleur que devrait leur faire éprouver la présence de l'ennemi.

Voyant qu'ils n'ont rien à craindre en ville et rassurés sur les dangers qui pourraient venir du dehors par de nombreux éclaireurs envoyés sur toutes les routes, les officiers se livrent avec excès aux plaisirs de la table. L'ivresse les gagne presque tous et l'instinct brutal se fait jour à travers les fumées du vin. C'est alors que commencent les réquisitions. Le commandant exige quinze sacs d'avoine qui lui sont livrés aussitôt, du tabac, des cigares, puis quatre cents paires de bottes : mais les bottes ne sont pas de mode à Sens comme en Allemagne, les cordonniers ont caché, du reste, toutes leurs chaussures d'hommes, et c'est à peine si l'on peut trouver quelques empeignes et plusieurs rouleaux de cuir. C'est trop peu pour l'officier prussien. « Je vais faire faire des perquisitions à domicile, dit-il à M. Dauphiné, qui, comme professeur d'allemand au lycée, avait été requis par le maire pour servir d'interprète ; je ferai bombarder la ville, je la ferai piller et brûler par mes soldats. » Ces menaces sont d'autant plus effrayantes que les soldats, qui ont bu plus que de coutume et qui chantent en ce moment l'hymne national, sont capables de se livrer à tous les excès.

En ce moment même, la foule devenue plus nombreuse, — on se promenait comme aux jours de grande fête, — le bruit du canon entendu dans le lointain, de mauvaises nouvelles qui se répandent parmi eux, leur causent un certain émoi : ils font mine de charger leurs pièces. La terreur succède à la curiosité ; les badauds s'effrayent et prennent la fuite : en un instant, la place et les rues voisines sont évacuées, on rentre dans les maisons ou on fuit vers les faubourgs, en s'attendant à quelque catastrophe.

C'est à ce moment que le colonel se présente à la mairie, et, ivre de vin et de colère, somme M. Querelle de lui livrer trente feuillettes de vin, vingt feuillettes d'eau-de-vie, du café et une grande quantité de riz. « Si ces réquisitions ne me sont pas amenées dans cinq minutes, dit-il, je fais bombarder et piller la ville. Assez longtemps, ajoute-t-il en se tournant vers l'interprète, j'ai été mené par le bout du nez *(sic)*, et que le diable m'emporte si la ville n'est pas brûlée dans le cas où le maire continuerait ainsi à se moquer de moi. »

M. Dauphiné obtient à grand'peine un délai d'une demi-heure pour la livraison sur place de ces nouvelles réquisitions. Pendant ce temps, le colonel envoie des patrouilles s'assurer que tout le cuir qui était chez les marchands a été livré. Des soldats se rendent à la tannerie de M. Evrat; d'autres vont chez M. Gandillon, rue Dauphine. La porte de ce dernier est enfoncée à coups de crosses, la devanture du magasin brisée et les pillards emportent les marchandises qui sont à leur convenance.

Le colonel avait à peine quitté la mairie que M. Vaudoux, conseiller municipal, qui venait rendre compte à ses collègues de quelques démarches dont il s'était chargé, tombe entre leurs bras, victime d'une maladie de cœur dont il était atteint depuis longtemps. Les soins du docteur Mouchet, aussitôt survenu, furent impuissants à le sauver : il rendit le dernier soupir quelques minutes après, emportant avec lui les regrets unanimes de ses collègues et des bons citoyens.

Vers 5 heures, le colonel mande le maire à l'hôtel de *l'Ecu :* les officiers étaient encore à table et devant eux était un grand nombre de bouteilles vides : plusieurs convives étaient accoudés, la tête entre leurs mains, plongés dans l'abrutissement de l'ivresse. Du ton rude qui lui était habituel, le colonel somme le maire de faire réparer à l'instant même les tranchées que l'ingénieur avait fait pratiquer sur la route de Paron.

M. Querelle et l'interprète se mettent aussitôt à la recherche d'ouvriers, et ce n'est qu'à grand'peine qu'ils peuvent trouver, au milieu de l'obscurité, une voiture, un cheval, des madriers et six hom-

mes, qui demandent avant tout ce qu'on leur
paiera.

« Vous n'avez que six ouvriers, dit le colonel,
quand on vient le prévenir que tout est prêt pour la
réparation de la route, il en faut douze tout de suite,
sinon je passe la nuit ici et je mets sur la ville une
contribution très forte pour la punir de l'obstacle
qu'elle a opposé au départ de mes troupes. »

Une demi-heure après on annonce que la route
est réparée ; mais il est trop tard au dire du colonel, qui tient sans doute à continuer l'orgie. Le
maire est retenu prisonnier, et le capitaine des dragons, ajoutant les insultes à la violence, le menace
de le faire pendre à la lanterne et de faire marcher *(sic)* le canon pour brûler la ville.

M. Querelle, retenu à l'hôtel, veut profiter de ce
moment pour prendre quelque nourriture. Il en
éprouvait le plus grand besoin, car il n'avait eu le
temps de songer, dans cette malheureuse journée,
ni à lui-même, ni aux siens. C'est à peine si on lui
accorde cinq minutes et un officier l'emmène examiner la réparation des tranchées.

Pendant son absence, un officier qui était à l'hôtel, mais qui ne buvait pas avec les autres, prend
l'interprète à part : « Monsieur, lui dit-il, vous voyez
dans quel état se trouvent mes camarades : ils ont
oublié le respect qu'ils se devaient à eux-mêmes et
leur raison les a abandonnés. Ils sont capables, en
ce moment, de se livrer à toutes les extrémités.
Leur résister en quoi que ce soit attirerait les plus
grands malheurs sur la ville. Engagez M. le maire

à se soumettre à leurs exigences : je vous le demande au nom de l'humanité. Vos bourses en souffriront peut-être, mais que du moins le sang de vos
concitoyens soit épargné. Si des ordres cruels venaient à être donnés, je serais impuissant à en empêcher l'exécution. La guerre est un grand malheur : cherchons à la diminuer dans la mesure de
nos forces. »

M. Querelle fut informé de cette confidence à son
retour : il reçut en même temps l'ordre de convoquer les conseillers municipaux à l'hôtel de *l'Ecu ;*
le colonel annonça à ces messieurs qu'il passerait
la nuit à Sens, leur reprocha d'avoir laissé pratiquer des tranchées et leur demanda pour le lendemain, à 5 heures du matin, une contribution de
8 000 francs.

Le maire était à peine rentré à l'hôtel de ville
qu'un jeune officier blond, à la démarche chancelante par l'ivresse, venait y signer des laisser-passer
pour des voituriers qui devaient aller, pendant la
nuit, chercher du lait demandé par les Prussiens.
Pendant qu'il écrivait, son revolver placé à portée
de sa main, deux soldats, la main sur la détente de
leurs armes, se tenaient debout derrière lui pour le
protéger contre toute surprise.

Le conseil municipal resta en permanence jusqu'à minuit et, à plusieurs reprises, envoya plusieurs de ses membres surveiller les réparations de
la route de Paron qui avaient été trouvées insuffisantes.

Les artilleurs, les dragons et les chasseurs qui

étaient restés toute la journée sur la place Saint-
Etienne n'y passèrent pas la nuit. Ils partirent à
7 heures du soir, mais c'était pour se rendre à
l'hôtel de *Paris*. En un instant, l'hôtel fut envahi
au moment même où les propriétaires se félicitaient
de n'avoir pas encore eu de Prussiens à loger; les
canons furent placés dans la cour intérieure et braqués sur l'entrée, les salles à manger inondées de
soldats. Les dragons, le revolver en main, demandaient la route de Saint-Valérien; les artilleurs
voulaient une douzaine de lanternes pour éclairer
les écuries et réquisitionnaient de l'avoine pour
leurs chevaux; les chasseurs réclamaient à manger. Tous étaient pressés et il fallait les servir de
suite. Un vieux domestique ne leur obéissait pas
avec assez de promptitude; il est renversé, foulé
aux pieds et se relève avec plusieurs dents cassées
et un poignet, non pas foulé, comme on le crut
d'abord, mais démis. Un voyageur avait laissé par
mégarde, dans la salle d'attente, une boîte de cap-
sules : c'en est assez pour faire croire aux Prussiens
que le maître de la maison, qui d'ailleurs porte
moustaches, est un franc-tireur déguisé. Aussitôt,
de minutieuses perquisitions sont ordonnées, toutes
les portes ouvertes, tous les placards fouillés, et un
officier déclare charitablement à M. Bourgenot que
si on trouve des armes chez lui il sera fusillé
sur l'heure. Plus tard, des imprimés militaires laissés par un officier de la garde mobile intriguèrent
de nouveau les Prussiens; ces papiers furent brûlés
dans la cour, les soldats dansèrent autour des flam-

mes et les perquisitions recommencèrent. Dans l'intervalle, la maison avait été mise en quelque sorte au pillage. Deux voitures appartenant à des voyageurs de commerce avaient été dévalisées, du linge volé dans les placards. la porte de la cave forcée, les meilleurs vins emportés. A mesure qu'un de ces faits était connu, on allait réclamer auprès des officiers qui mangeaient dans une salle à part Ils arrivaient, distribuaient à leurs hommes quelques coups de poing, assaisonnés de vifs reproches, tout rentrait dans l'ordre, puis, quelques minutes après, le pillage recommençait. Les officiers prirent un peu de repos, mais les soldats restèrent éveillés toute la nuit, buvant, criant, menaçant et prêt à faire un mauvais parti au maître d'hôtel et à sa famille.

14 Novembre

A 6 heures du matin, le maire, l'interprète et le professeur de seconde du lycée, M. Lichtemberger, qui parle aussi allemand, se rendirent à l'hôtel de *l'Ecu,* où le colonel et le capitaine de dragons les attendaient; les 8000 francs requis la veille furent comptés aux Prussiens; sur cette somme, ceux-ci prirent 400 francs qu'ils laissèrent pour les frais d'hôtel.

Avant de sortir, le colonel s'adressa aux deux professeurs : « Messieurs, leur dit-il, puisque vous comprenez l'allemand, je dois vous dire que si j'ai agi avec tant de sévérité, c'est parce que M. le maire ici présent n'a pas fait son devoir vis-à-vis de moi, en ne satisfaisant pas aux réquisitions demandées. Il m'a affirmé, en particulier, qu'il n'y avait plus de cuir dans la ville et peu de temps après mes soldats en trouvaient encore dans un magasin. » Ces messieurs répondirent que le maire ni la ville n'auraient dû être responsables des fausses déclarations faites par les particuliers, qu'on ne pouvait savoir le compte exact de leurs marchandises et qu'on était obligé de s'en rapporter à leur bonne foi (1).

Le maire fut invité ensuite à attendre, au rond-point, le ralliement des troupes; il devait être conduit comme prisonnier jusqu'à la tranchée; l'interprète l'accompagna.

A mesure que les soldats défilaient, le colonel les interpellait pour leur demander s'ils avaient lieu d'être satisfaits et tous répondaient par un double cri de *ia* fortement accentué. On ne pouvait s'empê-

(1) Voici la traduction du reçu de la contribution de guerre imposée le 14 novembre à la ville de Sens :

7600 francs

Sept mille six cents francs ont été payés par la ville de Sens pour contribution de guerre.

Sens, le 14 novembre 1870.

La commission :

Von Tresdow,
major.

Von Willich,
*chef d'escadron au régiment
des dragons de Magdebourg nᵒ 6.*

Baron d'Eikanstein,
*lieutenant au régiment des dragons
de Magdebourg nᵒ 6.*

2

cher de songer, en voyant cette sollicitude pour le bien-être des soldats allemands, à l'indifférence dont les nôtres ont été souvent victimes.

Les troupes s'engagèrent dans la rue de l'Esplanade pour longer la promenade. Comme avant-garde s'avançait un détachement de dragons; derrière eux suivait la voiture du maire; les chasseurs hessois venaient ensuite, transportés sur des voitures réquisitionnées, puis la batterie d'artillerie et enfin, à 200 mètres de distance, les uhlans qui formaient l'arrière-garde.

Le pont du chemin de fer passé, on s'avança au trot sur la route de Paron. Les dragons allumèrent les grosses pipes de porcelaine qu'ils portaient suspendues au cou et la fumée de leur tabac était si grande que le détachement disparaissait par instant dans des nuages fantastiques.

M. Querelle n'était pas sans appréhension : des francs-tireurs, disait-on, s'étaient embusqués sur les hauteurs et si un coup de fusil avait été tiré, le maire, déclaré responsable, devait être fusillé.

On arrive à la tranchée de Paron; la première partie de la colonne passe sans encombre ; le colonel fait arrêter la voiture du maire et l'invite à descendre. Il demande la direction de Subligny, qu'il vérifie sur sa carte, annonce au maire qu'il est libre, puis, le saluant de la main et de la tête, reprend sa route avec la colonne. Tous les officiers, à mesure que le défilé s'opère, saluent le maire avec une politesse qui contraste singulièrement avec leur brutalité de la veille. L'artillerie venait de passer :

M. Querelle quitte la tranchée et revient en toute hâte retrouver sa famille, qui n'était pas sans inquiétude sur son sort.

Il était à peine rentré chez lui que le canon se fit entendre dans la direction de Subligny : on croyait en ville à une attaque de francs-tireurs. La vérité est que les francs-tireurs, embusqués dans les bois de Subligny, ne tirèrent pas un coup de fusil : les Prussiens, prévenus par des paysannes, à qui la terreur faisait oublier tout patriotisme, envoyèrent quelques obus dans les bois pour éclairer leur route et passèrent sans danger.

On ignorait encore en ville la cause exacte de ces coups de canon, quand on vint dire à M. Querelle qu'il était demandé à la mairie. Il s'y rendit avec M. Dauphiné, croyant à un retour de l'ennemi, mais quand il eut été introduit dans la salle de la justice de paix, il n'y trouva qu'un certain nombre de gardes nationaux, que le brusque départ de l'ennemi avait remplis de la confiance la plus aveugle. « Il est honteux, dit le capitaine X... au maire, d'avoir craché *(sic)*, comme vous l'avez fait, 8 000 fr. à l'ennemi. Vous nous avez déshonorés par le désarmement de la garde nationale, nous redemandons des armes, il nous en faut. » Il suffisait d'un intervalle dans la lutte avec l'ennemi pour nous livrer à la discorde civile.

Le maire, injustement attaqué, répondit avec modération que c'était le comité de défense militaire qui avait renoncé à la résistance, qu'après cette décision la garde nationale avait dû être désarmée, que pour lui il avait fait, depuis deux jours, tout ce qu'il était humainement possible de faire pour épargner à la ville tout dommage et toute effusion de sang, que les Prussiens avaient quitté Sens, il est vrai, mais que tout faisait supposer qu'ils y arriveraient en grand nombre le soir même ou le lendemain : si on cherchait à leur résister, on s'exposerait aux plus grands malheurs.

Bien qu'il eût ainsi répondu victorieusement aux attaques injustes dont il était l'objet. M. Querelle en fut très affecté : le jour même, il envoya sa démission de maire à M. le préfet d'Auxerre, et il fut remplacé, dans ces délicates et pénibles fonctions, par un adjoint, M. Robert.

C'était sans doute par suite d'un ordre mal donné ou mal compris que les Prussiens avaient tous quitté Sens le matin. Le quartier général, alors à Villeneuve-l'Archevêque, croyait la ville toujours occupée et y envoya, à différentes heures de la journée, des voitures, quelques soldats et des officiers chargés d'organiser le télégraphe et les postes. Ils arrivaient en petit nombre et pleins de sécurité. Il eut été facile de les arrêter, de les désarmer et de les envoyer sous bonne escorte à Auxerre. C'est ce que voulait faire la foule grossie ce jour-là par tous les paysans venus pour le marché. On se racontait, dans les rues, les terreurs et les violences de la veille ; on apprenait que M. Ursin avait eu, comme M. Gandillon, sa porte enfoncée à coups de hache et son cuir volé, que des officiers et des soldats étaient entrés dans différents magasins, notamment

chez MM. Berthoud, Bonneau, Chevalier, Delajon,
Jullien, Picard, Thouard et Troué, qu'ils y avaient
pris du vin, des liqueurs, de la charcuterie, de la
pommade, des gants, etc., et qu'ils étaient partis
sans rien payer. On voyait une occasion de se
venger et on voulait en profiter. Quelques gardes
nationaux qui avaient retrouvé des uniformes et
des fusils parlaient même de fusiller sur l'heure
tous les Prussiens que l'on prendrait. Procéder
ainsi, surtout après la complète soumission de
l'avant-veille, aurait attiré sur nous de cruelles représailles. Il suffit, pour s'en convaincre, de se rappeler ce qui s'est passé dans d'autres villes. Mais si
la foule, qui ne raisonne pas, était disposée à compromettre l'avenir, les citoyens sensés et prévoyants
conseillaient d'éviter tout acte de violence et de se
soumettre aux Prussiens, même dans les intervalles de courte durée où ils ne paraîtraient pas
avoir la force pour eux.

A ces conseils, MM. Billebault, Lamy et Mauroy,
qui comprenaient fort bien la situation, eurent
l'énergie de joindre des actes. Ils se trouvaient sur
le cours, près de la porte Notre-Dame, quand leur
attention fut attirée par des voitures et des soldats
prussiens qu'entourait la population surexcitée. Ces
voitures avaient été arrêtées à l'entrée de la ville ;
on s'était précipité à la tête des chevaux ; un Prussien avait été blessé d'un fort coup de sabre à la
tête, un autre grièvement atteint à la poitrine par
un coup de sa propre épée qui lui avait été arra-
chée. MM. Billebault, Lamy et Mauroy s'avancèrent

vers l'officier qui commandait le détachement, et M. Billebault le pria de rendre son épée s'il ne voulait être victime de l'exaspération du peuple. L'officier la lui remit aussitôt. Les Prussiens faits prisonniers furent amenés à la mairie et enfermés dans une des salles du rez-de-chaussée ; le docteur Mouchet vint donner les premiers soins à ceux qui avaient été blessés. Le soldat Bodensohn, dont l'état inspirait de sérieuses inquiétudes, avait été précédemment transporté à l'hôpital.

La foule avait suivi les Prussiens prisonniers jusqu'à la mairie, demandant leur mise à mort immédiate. On eut beaucoup de peine à les défendre contre elle : il fallut fermer les portes de l'hôtel de ville, et le soir, comme ils ne paraissaient pas en sûreté dans les salles où ils avaient été mis d'abord, on les fit passer par une porte de derrière pour les conduire à la prison où des lits leur avaient été préparés. Là, M. le procureur de la République et M. le juge d'instruction leur expliquèrent, ce qui leur avait été dit déjà, que les mesures rigoureuses prises à leur égard avaient pour but de les protéger contre les attaques de la foule exaspérée par ce qui s'était passé la veille, et qu'aussitôt que la ville serait de nouveau occupée par les armées allemandes, on leur rendrait la liberté.

Agir ainsi, c'était sauvegarder les intérêts de la ville et s'acquérir des droits à la mansuédude du prince Frédéric-Charles ; comme on l'a fort bien dit, les armes nous manquant, il fallait avoir recours à la diplomatie.

Les voitures qu'escortaient les soldats prussiens avaient été aussi conduites à la mairie, mais pendant le trajet elles furent ouvertes et quelques objets disparurent. A ce propos, on ne lira pas sans intérêt la traduction d'un rapport adressé le lendemain au prince Frédéric-Charles par l'inspecteur des postes prussiennes :

« Sens, 15 novembre.

« Hier, à 9 heures du matin, nous avons fait partir de Villeneuve-l'Archevêque :

« 1o Un transport de paquets avec des paquets privés, accompagné par six soldats et un conducteur, et consistant en trois voitures et quatre charretiers.

« 2o A 4 heures de l'après-midi, un transport renfermant des affaires de poste pour la 1re division de cavalerie, avec lequel le soussigné a voyagé.

« 3o Un transport de poste du IXe corps d'armée, consistant en une voiture de paquets couverte, accompagnée par un postillon et deux hussards.

« Tous les trois transports ont été attaqués par le peuple à Sens. Au premier transport, le conducteur fut jeté à terre et légèrement blessé. Il se trouve, d'après les indications des conseillers, mis à l'hospice de Sens. Des trois voitures, l'une est partie, les deux autres se trouvent à la mairie. Il manque aux hommes les objets suivants :

« 1o Un pistolet et un harnais.

« 2o Un pistolet, un livre de comptes et un livre de cantiques.

« 3o Un pistolet.

« 4º Un thaler, une poche en cuir avec deux chemises, un caleçon, une paire de bas, une veste, une carte, une boîte à sel, une paire de souliers, une paire de bottes.

« 5º Deux couvertures, un sac avec souliers et chemise, quatre paires de bas, un portemonnaie, deux thalers, seize gros, le fourreau d'un sabre, deux casquettes, une lettre d'un lieutenant.

« Au chasseur qui a accompagné le second transport, il manque une cartouchière avec quarante cartouches. Les autres objets ont été tous retrouvés à la mairie.

« A l'expédition de la poste militaire de la 1re division de cavalerie, il manque une voiture à un cheval, le cheval avec son harnachement, trois couvertures de cheval.

« En fait d'objets personnels, il manque un seau, un parapluie, une pipe, une paire de souliers, une botte, une jaquette d'écurie, un fouet.

« Lorsqu'on arrêta un détachement de la 2ᵉ division télégraphique, on prit un pistolet de cavalerie, un harnais avec mors, un sabre d'un soldat du train, un seau, deux paires de gants de laine, un livre de cantique, neuf chevaux, un caleçon, une jaquette, trois paires de souliers, cinq paires de bas, une paire de bretelles.

« Hier, on m'a pris deux chevaux avec selle, poche de selle avec contenu, cinq voitures attelées chacune de deux chevaux avec fourrage, et qui appartient aux charretiers.

« Les chevaux de poste appartenant au deuxième

transport ont été retrouvés intacts à la mairie. Quant au troisième transport, je n'ai appris qu'une chose, c'est qu'il a pris la fuite dans une direction inconnue, après que les hussards d'escorte eurent déchargé leurs pistolets sur les assaillants.

« Quant aux employés, la municipalité a su leur procurer protection et sécurité.

« BLINDEAU,

« *Inspecteur des postes.* »

Une des voitures qui avait disparu était allée se perdre dans la plaine Champbertrand : c'était une voiture de réquisition chargée de tabac. Le conducteur, qui était un paysan français emmené malgré lui, s'empressa de dételer ses chevaux pour les soustraire aux Prussiens ; quant au tabac, il disparut sans qu'on ait pu savoir ce qu'il était devenu. Ce ne fut pourtant pas pour cette voiture qu'une forte contribution fut imposée plus tard, à la ville, mais pour une autre qui arriva vers sept heures du soir. Celle-là était une voiture de poste : sur la place Saint-Étienne, quelques ouvriers voulurent l'arrêter; les deux hussards qui faisaient escorte déchargèrent leurs pistolets, sans blesser personne ; les chevaux s'emportèrent et entraînèrent la voiture du coté de la porte Dauphine. Elle traversa le faubourg Saint-Pregts et alla verser dans une des tranchées qui avaient été faites entre Sens et Villeneuve-sur-Yonne. Prise par des gardes nationaux de Sens qui revenaient d'une mission dont ils avaient été chargés, elle fut envoyée à Auxerre et de là dirigée sur Tours. Une heure auparavant,

trois officiers prussiens, arrivés en voiture de Villeneuve-l'Archevêque et descendus à l'hôtel de *l'Ecu*,
avaient été faits prisonniers et conduits auprès de
leurs camarades.

Dans la soirée, le conseil municipal, réuni à la
mairie, discuta pour savoir s'il fallait garder des
paquets de lettres pris dans les fourgons prussiens.
pour les remettre le lendemain au prince Frédéric-
Charles, dans l'espoir qu'il ménagerait la ville, ou
bien s'il fallait les envoyer au préfet. Les avis
étaient très partagés. L'arrivée du procureur de la
République, porteur d'un ordre du préfet, avec
lequel on avait été en communication toute la journée, grâce à M. Tribouleau qui n'avait pas craint de
remonter ses appareils télégraphiques, coupa court
à toute discussion : les lettres furent envoyées à
Auxerre.

A ce moment même, deux officiers de dragons
bleus, qui venaient d'arriver avec soixante hommes, montèrent au bureau de la mairie, demandèrent à M. Ch. Compérat des billets de logement et lui
annoncèrent, pour le lendemain, au matin, M. Melchior, colonel d'état-major, chargé de remplir, à
Sens, les fonctions de commandant de place, pendant le séjour que devait y faire le prince Frédéric-
Charles. Comme ils demandaient des explications
au sujet des voitures prussiennes qu'ils avaient
remarquées dans la cour, on les fit entrer dans la
salle où se tenait le conseil, et plusieurs membres leur racontèrent ce qui s'était passé et la
nécessité où ils s'étaient trouvés de faire les offi-

ciers et les soldats prisonniers pour les soustraire aux colères de la foule. Ils exprimèrent le désir de se renseigner auprès de leurs camarades qu'ils trouvèrent bien portants et peu désireux de quitter leur asile avant le lendemain matin.

15 Novembre

L'inondation a commencé aujourd'hui. Que de soldats! que de chevaux! que de canons! que de fourgons de munitions! Le défilé a commencé à 8 heures du matin : à quelle heure cessera-t-il? Beaucoup de régiments traversent la ville pour aller loger dans les villages : quelques-uns restent à Sens.

Les Allemands n'ont pas l'entrain, la gaieté, l'air dégagé des soldats français. Ils marchent péniblement, lourdement, comme ces ours qu'on nous montrait autrefois, — ils en ont d'ailleurs la musique. — Mais comme ils sont chaudement habillés et quelle différence entre ces longues capotes et les petites vareuses qui, il y a quinze jours à peine, étaient distribuées à nos pauvres mobiles pour remplacer leurs blouses de toile! Malgré soi, on compare, et, en comparant, on s'attriste.

De bonne heure, les trente-trois Prussiens logés à la prison ont été rendus à la liberté par le gardien chef, M. Clerget; de bonne heure aussi le commandant de place Melchior est arrivé à la mairie; il s'est installé avec plusieurs officiers dans la salle des mariages, a demandé un plan de la ville et a fixé les logements par quartiers. Le prince Frédéric-Charles et son état-major devaient occuper le palais de l'Archevêché, mais a refusé, sans doute en sa qualité de protestant : il sera logé chez M. Cornisset (1). Le quartier de la porte Dauphine sera commandé par le prince de Bouddenbrock, qui s'installera, avec son état-major. chez Mme Billebault. Le quartier du Palais-de-Justice est réservé à la 3e brigade et au major Melchior ; le colonel Rothmaler et plusieurs officiers demeureront rue... n° 35. Le quartier Saint-Hilaire et le quartier Saint-Savinien seront occupés par la 12e batterie d'artillerie, dont le colonel, M. de Bismarck, habitera chez M. de Lavernade (2). Une autre batterie sera installée dans le quartier du faubourg Saint-Antoine. L'archevêché recevra le général-lieutenant de Colombier, 1 colonel, 4 officiers, 21 soldats et 36 chevaux ; la sous-préfecture, 1 major, 7 officiers, un assez grand nombre de soldats.

Ces mesures prises, la mairie est chargée de préparer des billets de logements pour 178 officiers, 8 570 hommes, 50 voituriers, 910 chevaux. Les employés se mettent à l'œuvre, mais les officiers prussiens trouvent qu'ils ne vont pas assez vite : un fourrier s'installe à un bureau, tire de sa poche un plan de la ville lithographié en Allemagne et une liste des habitants répartis par quartiers, avec l'indication de leur fortune, et il fait lui-même un certain nombre de billets. Sa liste contenait aussi les noms des logeurs.

(1) A l'angle de la rue de la Colle et du cours Tarbé.
(2) Rue du Saint-Esprit. n° 10.

Vers 2 heures, le prince Frédéric-Charles arrive, précédé, escorté, suivi d'une cinquantaine d'officiers, tous revêtus de brillants uniformes. On n'est plus curieux comme aux premiers jours : il n'y a personne pour le voir passer, il n'y aura presque personne non plus pour écouter la musique qui lui sera faite, le soir, pendant son dîner.

Et d'ailleurs, on n'a plus le temps d'être curieux : on a beaucoup de Prussiens à loger et il faut s'occuper de leur préparer à manger et à coucher. On est tout à eux : on en a peur ; on leur donne tout ce qu'ils demandent ; on ne sait pas encore les rationner. Aussi, comme ils dévorent la viande et les légumes ! comme ils boivent notre vin de Bourgogne, que, jusqu'ici, ils ne connaissaient guère que de nom.

Nous apprenons, ce jour-là, que Sens devient un chef-lieu d'étape. Des employés du télégraphe s'installent dans l'ancien bureau français, — nos appareils avaient été sauvés, — et ce bureau se met en communication par un fil avec la maison qu'habite le prince. La poste française, qui avait encore envoyé un courrier le matin, est fermée, et deux bureaux de poste allemands sont installés provisoirement : l'un, dans la maison de M. Duchemin (1), l'autre, dans un magasin de la Grande-Rue, chez M. Simon. Un corps de garde est établi sur la place Saint-Etienne, là même où dix jours auparavant étaient les gardes nationaux ; un autre, rue du

(1) Rue Royale, 49.

Palais-de-Justice, nº 11, dans la maison Mayer; un troisième, près de l'archevêché. On ne rencontre plus guère que des Prussiens dans les rues : les officiers ont fait de la toilette et traînent leurs sabres sur les pavés.

Il doit y avoir, chez le prince, un dîner de vingt couverts; c'est sans doute pour ce dîner que ses soldats viennent prendre, — sans payer, — chez M. Brochot jeune, vingt-cinq litres de liqueurs, douze flacons de bonbons, des boîtes de conserves, du café, et, sans doute comme frais de commission, des pipes, des tabatières, des portemonnaie et des porte-cigares : total, 162 fr. 50, qui restent au compte de la ville. D'ailleurs, M. Millet, pâtissier, et M. Compérat, charcutier, ont été chargés, par la municipalité, de nourrir le prince et sa suite. Leur facture s'élève, pour le premier jour, à 877 francs, pour le second, à 966 fr. 20; il faut compter, en outre, vingt-sept bouteilles de vin de Bordeaux, à 2 francs la bouteille, quarante-trois bouteilles de vin de Bourgogne à 1 fr. 50, et soixante-dix bouteilles de vin de Champagne : les officiers boivent ce dernier mélangé à leur vin rouge.

Cinquante bouteilles de vins fins ont été encore demandées à la mairie qui a répondu par un refus catégorique; les officiers du prince n'ont pas insisté.

Dans la soirée, le bruit court que le château de la Tournerie, près de Villeneuve-l'Archevêque, a été pillé et incendié par les Prussiens : les personnes bien informées disent que ces bruits sont exagérés et évaluent les dégats de dix à quinze mille francs.

On dit aussi que M. Lavoué, de Pont-sur-Vanne, et son domestique on été fusillés par les Prussiens et qu'ils avaient été forcés de creuser eux-mêmes leurs fosses.

D'après un rapport transmis plus tard par M. le juge de paix de Villeneuve-l'Archevêque à M. le procureur de la République et qui nous a été communiqué avec beaucoup d'obligeance, voici comment les faits se sont passés.

Le 14 novembre dernier, sur les 6 heures du soir, un uhlan, en état d'ivresse, s'arrête à la porte du sieur Lavoué, aubergiste et cultivateur, demeurant à Pont-sur-Vanne, sur la route de Sens à Troyes.

Il entre à cheval dans la chambre où Lavoué se trouvait et demande à manger : on lui fait entendre qu'il sera servi dès qu'il aura mis son cheval à l'écurie.

A peine à table, il s'imagine qu'on veut l'empoisonner. Ivre de vin et de colère, il se lève, tire son sabre, menace de tuer Lavoué et brise tout ce qui se trouvait à sa portée. Ce dernier avait fait quelques jours auparavant une chute très grave qui avait nécessité une large application de sangsues; ses mouvements en étaient presque paralysés. Effrayé de l'attitude et des menaces du soldat prussien, il envoie son berger chercher un de ses fils dans le village. Celui-ci arrive suivi de quelques jeunes hommes de la commune. Avertis de ce qui venait de se passer, ils prennent leur temps, saisissent le sabre du Prussien et le lui enlèvent. C'était la seule arme dont il fut porteur. Avait-il perdu sa carabine et son révolver dans son état d'ivresse : c'est ce qu'il est permis de supposer.

Le sieur M.., l'un de ceux qui l'avaient désarmé, eut l'imprudence de répéter plusieurs fois : *Capout! Capout!* Malgré tout, la colère du soldat finit par se calmer et on parvint à l'envoyer coucher dans l'écurie, près de son cheval.

Cet homme, chargé avec un de ses camarades d'escorter une voiture prussienne, s'était enivré, avait abandonné son poste et perdu ses armes; il s'était mis ainsi dans le cas d'être fusillé. Les fumées du vin ne lui avaient pas tellement obscurci les idées qu'il n'eût conscience de ce qui pouvait lui arriver : c'est cela même qui le mettait hors de lui.

Lavoué, peu soucieux de garder chez lui un pareil hôte, le fit lever dans la soirée et dit à ceux qui se trouvaient là de lui indiquer le chemin du plus prochain village occupé par les Prussiens. Ceux-ci, au lieu de lui faire suivre la grande route qui l'aurait mené directement à Chigy, où se trouvait un poste prussien, firent traverser à ce soldat les rues de Pont et prendre un chemin détourné de l'autre côté de la rivière, puis ils s'esquivèrent, le laissant seul au milieu des champs, dans l'obscurité de la nuit.

Il est probable qu'après avoir erré pendant quelque temps dans la campagne, le uhlan, guidé peut-être par quelques lueurs lointaines, finit par s'orienter et par gagner le village de Chigy, et que son premier soin en y arrivant, fut d'aller trouver un officier et de lui raconter, à sa manière, ce qui venait de se passer. En effet, le lendemain matin, avant le jour, la commune de Pont-sur-Vanne était entourée d'ennemis.

On vit alors le uhlan de la veille parcourir les rues avec un groupe de cavaliers ; il paraissait montrer à ceux qui l'accompagnaient les endroits par où on l'avait fait passer dans la nuit précédente. Tous les habitants qui étaient rencontrés dans les rues ou qui paraissaient sur le seuil de leurs portes étaient immédiatement arrêtés. M. le maire de Pont et le sieur Lavoué l'avaient été des premiers et étaient gardés à vue. Celui-ci fut, on ne sait pour quel motif, traîné par les rues du village ; et malgré son état de souffrance qui lui permettait à peine de se tenir debout, les soldats prussiens le forçaient à marcher à coups de crosses de fusils.

Le berger, effrayé de ce qui se passait, prévoyant et redoutant aussi pour lui-même quelque chose de sinistre, s'était caché sous le lit de l'écurie ; on l'y découvrit, il en fut retiré et gardé comme les autres.

Sur les dix heures du matin, un conseil de guerre s'assembla dans la maison du sieur Bardet, l'un des voisins de Lavoué. Celui-ci, son berger et le maire de Pont y furent amenés. Lavoué fut accusé, sur la déposition du soldat prussien, de l'avoir fait désarmer et de l'avoir envoyé perdre au milieu de la nuit, et la berger d'être complice de ces faits. En vain Lavoué et le maire de Pont-sur-Vanne expliquèrent-ils que l'on avait enlevé le sabre du uhlan que pour éviter ses violences ; que cette arme lui avait été remise avant son départ ; qu'on n'avait exercé aucune violence contre sa personne ; que si d'autres avaient tenté de l'égarer, ils n'en étaient pas cause. Ces explications et ces excuses ne furent point admises ; et, comme on voulait faire un exemple, sous prétexte que c'était chez Lavoué que le soldat prussien avait été désarmé, le malheureux Lavoué fut condamné à la peine de mort. Son berger le fut aussi pour avoir été quérir ceux qui avaient désarmé le Prussien et tenté de l'égarer. D'autres auraient peut-être eu aussi le même sort, si l'on avait pu les trouver. Le sieur M..., particulièrement, fut l'objet d'actives recherches qui, heureusement pour lui, demeurèrent infructueuses.

L'exécution suivit de près la sentence. Vers midi, le père Lavoué et son berger furent conduits par un peloton de soldats sur la montagne derrière les maisons qui sont au nord de la route. Deux fosses y avaient été creusées à l'avance, sur réquisition. Tout à coup deux décharges successives annoncèrent aux habitants de Pont terrifiés que Lavoué et son berger avaient cessé de vivre.

Comme dernier épisode de ce drame lamentable, tous les bestiaux de l'infortuné Lavoué, moutons, chevaux, vaches furent enlevés, ainsi que la meilleure partie de son mobilier ; le reste devint la proie des flammes et fut consumé avec tous les bâtiments auxquels l'ennemi avait mis le feu, avec défense expresse de l'éteindre. L'incendie s'étendit à la maison voisine, appartenant au sieur Dozier : elle eut aussi considérablement à souffrir.

La maison de M. Rolland, maire de Pont, et celles des sieurs Yvon et Verdier, cabaretiers dans la même commune, furent aussi dévalisées en grande partie. Nombre de personnes de Pont avaient caché une partie de leur mobilier dans les caves de la maison Lavoué : la violence du feu fut telle que rien ne put être sauvé.

Il est incontestable que ceux qui avaient tenté d'égarer le soldat prussien dans l'obscurité, au lieu de lui montrer le chemin direct de Chigy, étaient bien imprudents; mais il est certain que la faute n'était réellement pas imputable à ceux qui en ont été les victimes.

Auguste Lavoué était un vieillard de soixante-six ans, universellement estimé, lauréat des concours agricoles pour avoir élevé et maintenu sa nombreuse famille dans l'agriculture. Jean-Louis, son berger, trente-huit ans, enfant des hospices, était aussi marié et père de famille.

Lavoué avait huit enfants et Jean-Louis trois.

16 Novembre

Le prince Frédéric-Charles et les troupes qui l'accompagnent font séjour. Le défilé des canons, des caissons, des fourgons de munitions et des voitures de provisions continue. On voit passer aussi de longs chariots chargés de bateaux en fer destinés à la construction des ponts. Quelques personnes disent que ces bateaux faisaient partie de notre ma-

tériel à Metz ; il est difficile de croire que le IIe et
le IIIe corps d'armée qui nous inondent en ce moment, et qui paraissent si bien organisés, n'aient
pas eu à l'avance leur matériel complet. Mais on
remarque des voitures qui ont certainement appartenu à notre armée : quelques-unes, des fours de
campagne en particulier, faisaient partie des bagages de l'ex-empereur ; on reconnaît aussi les équipages du prince Murat, qu'un général prussien s'est
appropriés.

De temps en temps passent sur le pont de longs
troupeaux de bœufs, de vaches ou de moutons et
des voitures de fourrage, que des cavaliers sont allés
réquisitionner dans les villages et dans les fermes,
qu'ils dirigent vers l'armée prussienne de la Loire.
C'est la ruine des campagnes qui passe sous nos
yeux : que nous restera-t-il après la guerre ?

Cependant nous nous disons que tout ce bétail,
que ces innombrables voitures doivent entraver la
marche de l'ennemi et nuire à la rapidité de ses
mouvements ; qu'il éprouve un échec, il aura de la
peine à se replier, à se reformer et alors nous aurons beau jeu.

Outre les convois qui passent, plusieurs sont arrêtés sur le Mail, au Tapis-Vert, au Clos-le-Roi,
sur le cours Bourrienne : de nombreuses voitures
y stationnent, mais les ordres ont été si bien donnés que nulle part il n'y a encombrement.

Dans l'après-midi, le prince et les officiers visitent la ville et achètent des photographies de la
cathédrale.

Le soir, le commandant réquisitionne pour le lendemain vingt charrettes, vingt chevaux, vingt conducteurs. Nous voilà forcés de servir l'ennemi et de le conduire contre les nôtres.

17 Novemrre

Le prince est parti aujourd'hui. Dans la matinée, il avait envoyé des officiers examiner minutieusement les tranchées : les ponts construits pour les franchir ont été élargis et munis de parapets. On s'est assuré aussi que les deux ponts qui traversent l'Yonne n'étaient point minés.

Le prince allait se mettre à table où l'attendait un copieux déjeuner, quand il a reçu, paraît-il, une mauvaise nouvelle. Il a donné l'ordre de partir immédiatement. Ses officiers et lui quittent la maison de M. Cornisset, mais ce n'est pas sans laisser dans les corridors, et même dans les salons, des traces immondes de leur passage.

Le déjeuner n'est point perdu : il est servi à deux généraux qui viennent d'arriver avec un nombreux état-major et qui se sont installés, rue du Saint-Esprit, dans la maison de M. de Fontaine.

Quant aux soldats partis avec le prince, ils sont remplacés par d'autres, au nombre d'environ 9 000, qui, cette fois, se passent de billets de logement : les fourriers inscrivent à la craie, sur les portes des maisons, le nombre des soldats qu'elles doivent contenir; ceux-ci arrivent peu de temps après au nombre de six, dix, vingt, quarante, suivant que la maison a paru plus ou moins grande aux fourriers, ils s'installent dans les chambres qui leur conviennent, au rez-de-chaussée de préférence, et demandent à manger *tout de suite*. Aussitôt qu'ils ont déposé dans un coin leurs armes, leur fourniment et leurs casques à pointe qu'ils remplacent par une casquette sans visière (les officiers seuls ont droit à la visière), ils se mettent à table, et si gros que soient les quartiers de viande qu'on leur sert, ils s'étoufferaient plutôt que de rien laisser.

Au commandant Melchior a succédé le commandant Müller, qui loge aussi chez Mme Billebault. Il est toujours poli avec ceux qui ont affaire à lui, il écoute volontiers leurs observations, aime à raisonner et se rend à l'évidence, pourvu toutefois qu'il n'ait pas eu à faire exécuter des ordres supérieurs : dans ce cas-là il ne raisonne plus, il se montre inflexible. « C'est la guerre, ajoute-t-il alors, je n'y peux rien. » Ou bien encore : « M. Gambetta veut la guerre à outrance, nous la faisons; vous n'avez pas à vous plaindre. »

Il s'occupe d'organiser deux ambulances, qui sont installées depuis deux jours dans la Grande-Rue : l'une dans la maison Libéra, l'autre au grand séminaire. Le drapeau prussien flotte sur ces deux maisons, à côté du drapeau de la convention de Genève et des factionnaires qui gardent les portes.

La maison Libéra était inoccupée : des tables, des chaises ont été prises de force chez les voisins; de grands feux ont été allumés dans les cheminées; il y a même eu un commencement d'incendie qui a mis tout le quartier en émoi.

Les élèves du grand séminaire n'étaient point rentrés : quarante malades sont installés dans un des dortoirs, et le commandant Müller, transmet, à la mairie, la réquisition suivante :

« Ambulance du grand séminaire.

« Par les soins de la mairie, quarante malades de la 6e ambulance du IIIe corps d'armée seront traités de la manière suivante :

« Déjeuner : café avec sucre consistant en 1/2 once de café et 2 onces de sucre par portion ; 1/2 quart de lait (le quart allemand vaut 1 litre 145) ou 3 quarts de soupe : à ajouter 1 livre de pain blanc.

« Midi : 15 onces de bœuf avec légumes.

« Une heure auparavant, une portion de bouillon pour lequel on emploiera 10 onces de viande.

« Après-midi : café.

« Le soir, 3 quarts de soupe par tête.

« Par personne, 1/8 de quart de vin rouge.

    « Sens, le 17 novembre 1870.

« Hubner,

« Inspecteur des ambulances. »

18 Novembre

Le grand séminaire paraît aux Prussiens bien disposé pour recevoir de nombreux malades. La mairie reçoit cette nouvelle réquisition :

« 6e ambulance du IIIe corps d'armée.

« Prière de prendre les dispositions nécessaires afin que la cuisine du grand séminaire puisse fournir les aliments voulus à 150 ou 200 malades.

« Pour le 19, 130 malades doivent y recevoir des soins ; avis en est donné par le présent écrit.

« Sens, le 18 novembre 1870.

« MULLER,   « HERKNER,

« *Commandant.*   « *Inspecteur.* »

19 NOVEMBRE

Hier matin, on avait vu partir, dans la direction de Villeneuve-sur-Yonne, un détachement composé d'infanterie, d'artillerie et de cavalerie ; dans la soirée, le bruit s'était répandu que les Prussiens avaient bombardé Villeneuve et que des habitants avaient été tués. Aujourd'hui cette colonne est revenue, ramenant avec elle un prisonnier qui sera gardé par la ville de Sens, comme l'indique la pièce suivante :

« La commune de Sens a à recevoir aujourd'hui, de la part du 2ᵉ bataillon, 12ᵉ régiment, un prisonnier nommé Chaudet Alfred, propriétaire à Villeneuve-sur-Yonne ; elle est chargée de l'interner et de prendre soin de sa personne jusqu'au moment où l'autorité viendra le réclamer. En cas d'évasion, la commune en sera responsable.

« Sens, le 19 novembre 1870.

« *Le commandant royal prussien,*

« MULLER. »

De plus, le commandant Müller dicta à M. Fèvre, sous-secrétaire de la mairie, une pièce d'après laquelle la ville s'engageait à payer une somme de 40 000 francs, dans le cas où M. Chaudet viendrait à s'évader.

Voici ce qui s'était passé :

Le 15 novembre, la municipalité de Villeneuve avait envoyé à Auxerre le transport de poste prussien pris par des gardes nationaux sur la route de Sens à Villeneuve. Ce jour-là et le lendemain, la ville fut plongée dans une grande agitation. Le conseil municipal et les officiers de la garde nationale se réunirent pour prendre des mesures de salut public. Diverses dépêches, réclamant des instructions, furent adressées au préfet et au commandant militaire de la subdivision, mais on ne reçut pas de réponse. Le conseil décida alors qu'aucune résistance ne serait tentée et que la garde nationale serait dissoute.

Malgré cette décision, quelques gardes nationaux, sans réfléchir aux suites fâcheuses que pourrait avoir l'excès de leur patriotisme, continuèrent à occuper la Chaume, poste avancé, situé sur une éminence, du côté de Sens.

Ils étaient là, une trentaine de volontaires, le 18 au matin, quand ils furent surpris par un détachement de 500 hommes environ. Ils avaient été trahis et furent attaqués de plusieurs côtés à la fois : la droite, appuyée sur de petits bois qui devaient lui servir pour opérer sa retraite, fut sur le point d'être tournée. Plusieurs obus furent lancés sur les volontaires et des coups de fusil tirés ; le sieur Lambert Jean-Baptiste fut blessé mortellement : les autres volontaires se replièrent dans toutes les directions, poursuivis par des cavaliers prussiens. Ils purent tous s'échapper, à l'exception de M. Chaudet fils,

qui tomba dans une vigne et fut fait prisonnier.
Voyant maltraiter son maître, le chien de M. Chaudet s'élança sur les Prussiens et fit à plusieurs de
cruelles morsures : la pauvre bête paya cher son
dévouement, elle reçut une vingtaine de balles et
fut transpercée de coup de baïonnettes.

Le bruit du canon et de la fusillade avait surpris
les habitants de Villeneuve qui, sortis de leurs maisons, virent les Prussiens poursuivant les gardes nationaux sur la montagne de Villeneuve.

Le conseil municipal comprit qu'il n'y avait pas
un moment à perdre si on voulait empêcher la lutte
de se continuer dans l'intérieur de la ville. Il prit un
drapeau blanc et se porta à la rencontre du détachement prussien, qui se trouvait au moulin du
Pavé. Le parlementaire remit au major Lehman,
qui commandait le 2e bataillon du 12e régiment de
grenadiers du prince Frédéric-Charles, et avait été
chargé de l'expédition contre Villeneuve, un pli lui
annonçant que, le 16 courant, le conseil municipal
avait décidé que la ville n'opposerait aucune résistance aux troupes prussiennes. Le major prit connaissance de l'écrit et, s'approchant du conseil, demanda le maire. Le conseil entier répondit que la
ville n'en avait point, que tous les conseillers admi-
nistraient au même titre. Le major Lehman dicta
alors les conditions suivantes :

« La ville livrera tous les hommes qui ont
tiré sur les Prussiens. Elle paiera 40000 francs.
Elle remettra toutes ses armes et comblera la
tranchée de Passy, le tout dans le délai d'une

heure, sinon la ville sera bombardée sans pitié. »

Le conseil déclara qu'il lui était impossible de trouver 40000 francs chez les habitants, qu'il allait faire combler la tranchée de Passy, qu'il allait inviter les citoyens à déposer les armes, mais que ne connaissant point les hommes qui avaient tiré sur les Prussiens, il ne les livrerait pas.

Le major Lehmann maintint ses exigences. Le conseil ne céda point non plus et fit annoncer à son de tambour que les vieillards, les femmes et les enfants devaient sans délai quitter la ville menacée du bombardement. Après cette publication, l'effroi fut à son comble, et les Prussiens qui pénétraient de tous côtés purent voir la population s'enfuyant par toutes les issues.

Au bout d'une demi-heure, le major fit demander le conseil municipal et, après une nouvelle discussion, il renonça aux hommes qu'il désignait toujours, et avec intention, sous le nom de francs-tireurs, mais il maintint ses autres exigences. Le conseil dut subir la loi du plus fort, et comme il était dans l'impossibilité de payer comptant 40000 francs, il chercha à gagner du temps : il offrit 10000 francs de suite, 10000 francs pour le lendemain à Sens, où il espérait trouver un général plus humain que le major, et 20000 francs sous deux jours. Un traité fut rédigé sur ces bases par M. de Rissmann, conseiller de justice, attaché à l'expédition, traité qui, contrairement aux usages de la diplomatie, fut écrit en allemand; il fut signé, vers midi, au moulin du Pavé, chez M. Fontaine.

Les Prussiens prirent alors possession de la ville et y firent des réquisitions évaluées plus tard à 3 500 francs. Des tables furent dressées pour les soldats, place des Boucheries; le major et les officiers allèrent déjeuner à l'hôtel du *Dauphin,* où ils se firent donner beaucoup de champagne. La plupart des soldats ne se contentèrent pas de ce qui leur était apporté sur la place, ils pénétrèrent dans les maisons, dont quelques-unes étaient abandonnées, et se servirent eux-mêmes. Là, comme partout, ils se firent remarquer par leur voracité et leur grande soif.

En entrant en ville, les Prussiens voulaient fusiller leur prisonnier, M. Chaudet, et déjà le peloton d'exécution avait été commandé. Mais grâce à l'intervention de la municipalité et surtout de M. Cantiget, ancien officier supérieur de l'armée française, qui adressa de très chaleureuses protestations au commandant prussien, celui-ci renonça à son premier projet et décida que M. Chaudet serait conduit à Sens, et que là seulement il serait statué sur son sort.

Dans l'après-midi, une centaine de fusils furent livrés aux Prussiens et cassés au moulin du Pavé.

Vers 7 heures du soir, un adjudant vint dire au major Lehmann, qui était toujours à table, que ses grenadiers venaient d'amener quatre prisonniers et qu'ils demandaient ce qu'il fallait en faire.

C'étaient quatre gardes nationaux de Villecien, petit village situé entre Sens et Joigny :

Edouard Veuillot, lieutenant;

Casimir Fauvel, sergent-major ;

Hippolyte Leclair, sergent ;

Narcisse Regneau, simple garde,

tous très honorables et pères de famille. Sortis de chez eux la veille à minuit, ils avaient fait partie d'une expédition dirigée sur Esnon par le colonel de Joigny, et rentrant chez eux le lendemain vers 4 heures du soir, ils avaient été surpris, à 100 mètres de leur domicile par un détachement de la colonne du major Lehman ; sans chercher à résister, ils s'étaient rendus, persuadés que, grâce à leur uniforme, ils seraient traités en prisonniers de guerre, avaient été attachés sur une voiture et amenés à Villeneuve-sur-Yonne.

Le major Lehman, qui était dans un état d'ivresse complet, ne prit pas sur ces prisonniers la moindre information ; il se tourna vers l'adjudant et lui dit simplement : *Erschiesst sie !* « Fusillez-les ! »

L'ordre était donné il n'y avait plus qu'à l'exécuter. L'escorte et ses prisonniers se rendirent à l'extrémité de la ville. On s'arrêta, dans le faubourg Saint-Nicolas, à l'auberge de M. Barde. Là, douze Prussiens chargèrent leurs fusils, bandèrent les yeux des prisonniers et, comme la nuit était noire, leur attachèrent à chacun une chandelle sur l'épaule ; puis il les menèrent au bout du faubourg, dans le premier pré, qui se trouve à gauche, en sortant de la ville et fusillèrent à bout portant ces quatre gardes nationaux, revêtus de leurs uniformes et prisonniers de guerre.

Ce fut seulement le lendemain matin que les habitants eurent connaissance du crime : les quatre cadavres, percés chacun de trois balles en pleine poitrine, furent remarqués par M. Arsène Bondoux, transportés à l'Hôtel-Dieu, puis inhumés provisoirement dans le cimetière de Villeneuve.

Ajoutons que le lendemain, à Villecien, où séjournait un fort détachement ennemi, les femmes de ces quatre victimes, prévenues de leur malheur, eurent à loger et à servir chacune au moins vingt Prussiens.

Quelques semaines plus tard, MM. Bondoux et Bidault, délégués à Tours par le conseil municipal de Villeneuve-sur-Yonne, obtinrent de M. Crémieux et des autres ministres qu'un secours serait accordé à ces malheureuses. Quant à l'assassin Lehman, il continua à boire toute la nuit.

Un autre crime fut commis dans la soirée : le sieur Barbara, qui voulait sortir de Villeneuve pour aller rejoindre sa femme dans un hameau voisin, ne répondit pas aux injonctions en allemand d'un factionnaire et reçut une balle dont il mourut peu de temps après.

Tels étaient les événements qui s'étaient passés à Villeneuve-sur-Yonne, le 18 novembre. Le 19, M. Chaudet fut incarcéré dans la prison de Sens et des délégués de Villeneuve remirent au commandant Müller les 10 000 francs promis. Ils obtinrent un délai de quatre jours pour écrire au général prussien von Alvensleben et réclamer de lui une réduction sur les 20 000 francs qui leur restaient à payer.

Le même jour, le village de Saint-Julien-du-Sault, entre Joigny et Sens, avait été bombardé par une colonne venue de Joigny; pareil sort était réservé au village de Villevallier, qui n'est séparé de Saint-Julien que par la rivière, mais les instances et les énergiques protestations de M. D..., de Sens, sauvèrent le pays : la mairie seule fut brûlée.

A Sens, nous avons à loger 73 officiers, 3210 hommes, 420 chevaux. Deux sentinelles sont placées à chaque porte de la ville. Dans l'après-midi, un coup de feu s'est fait entendre dans la montagne, et le commandant, prévenu par les factionnaires, a adressé des remontrances au maire, comme si le maire pouvait être responsable d'un pareil fait.

Des cartes de sûreté, pour la libre circulation, sont délivrées aux conseillers municipaux. Le commandant accorde aussi gratuitement les laisser-passer qui lui sont demandés par les personnes que leurs affaires appellent dans les pays envahis par les Prussiens. Plus tard ces laisser furent payés 1 fr. 20.

Les réquisitions continuent : la mairie fournit aujourd'hui douze mains de papier, trois mille allumettes, deux balais, dix chandeliers, deux seaux, soixante tasses, douze cuvettes, vingt-quatre pots de nuit, le tout pour le service des ambulances.

20 Novembre

Depuis plusieurs jours, les Prussiens demandaient une caserne; il n'y en a pas à Sens, il fallait en organiser une. On ne pouvait guère se servir à cet effet que d'un grand établissement public : le séminaire était déjà pris par une ambulance, on pensa au lycée. Mais la rentrée des classes avait eu lieu au commencement d'octobre, tous les salles étaient occupées et on ne pouvait songer à licencier les élèves : si la chose paraissait possible pour les externes, il était impossible de renvoyer les internes dans leurs familles, à des distances souvent fort grandes, à travers un pays occupé par l'ennemi et dans lequel le chemin de fer était arrêté depuis trois semaines et tous les services de voitures suspendus. Quelques parents, qui n'étaient pas loin de Sens, étaient venus retirer leurs fils dès que les Prussiens avaient été signalés, mais plusieurs les avaient laissés au lycée, pensant bien que leurs études ne seraient pas interrompues et que nulle part ailleurs ils ne seraient moins exposés que dans un de ces établissements d'instruction publique que les Prussiens avait l'habitude de respecter partout où ils passaient.

Pour répondre à la confiance des parents et pour plusieurs autres raisons, le proviseur ne voulait pas licencier le lycée, le conseil municipal ne pouvait pas non plus prendre cette mesure.

Rien n'avait encore été décidé, quand des officiers prussiens, accompagnés d'un conseiller municipal, se présentèrent au lycée et annoncèrent leur intention d'en occuper une partie. Il fallut obéir à la force et leur céder le quartier dit *quartier des moyens*, avec la cuisine et tous ses ustensiles. Mais le peu d'intervalle qui s'écoula entre le moment où les administrateurs de cet établissement furent prévenus et celui où les Prussiens y entrèrent empêcha d'enlever tout ce qui pouvait être détérioré ou emporté par les soldats.

Les premiers jours, les militaires couchèrent sur de la paille, ce ne fut que plus tard qu'ils demandèrent des lits, des matelas et des couvertures.

L'aile qui leur avait été cédée d'abord ne leur suffit plus bientôt : ils prirent l'aile correspondante qui forme le *quartier des petits*, et ne laissèrent au lycée que la partie centrale des bâtiments dans laquelle ils n'avaient pas besoin de pénétrer : deux portes donnant, l'une sur la rue Thénard, l'autre sur l'impasse du Bon-Raisin, leur permettaient d'entrer dans les quartiers qu'ils occupaient, sans passer par la porte principale du lycée.

Tous les élèves furent installés dans le quartier des grands, et, pendant toute la durée de l'invasion, les cours continuèrent sans un seul jour d'interruption.

Les cours des écoles communales avaient aussi continué ; mais, pendant les premiers jours de l'occupation, les enfants plus curieux de voir passer les troupes que d'aller en classe, encombraient les rues et les places ; le maire fit publier par le tambour de ville qu'il invitait les habitants à tenir leurs enfants chez eux ou à les envoyer à l'école, il rappelait en outre que les rassemblements étaient interdits.

Nous n'en avons pas fini avec les grands passages : il arrive aujourd'hui 64 officiers, 2480 hommes,

330 chevaux. Les Prussiens s'organisent : ils installent aujourd'hui un atelier de tailleurs et demandent à la mairie 4 douzaines d'aiguilles, 1/2 livre fil bleu, 1/2 livre de fil gris, 1/2 once de soie rouge, une paire de ciseaux, 3 aunes de drap gris pour pantalon, 1 aune 1/2 de drap bleu pour tunique.

Ils demandent aussi 100 bois de lit et 200 couvertures pour les ambulances, une lanterne, 2 chandeliers et 4 blanchisseuses.

Parmi les voituriers emmenés en réquisition aujourd'hui, se trouve le sieur Bertrand Eugène, qui devait rester absent jusqu'au 29 décembre et à qui les Prussiens devaient prendre sa voiture, son cheval et tout ce qu'il avait.

Nous sommes sans nouvelles du reste de la France, et même du reste du département; on croit Auxerre occupé, et la poste prussienne installée en face du séminaire, dans la maison de M. Lambert, le croit aussi, car elle reçoit des lettres à destination de cette ville au prix de 10 centimes, tandis qu'elle en demande 20 pour les communes qui ne sont pas occupées par les troupes allemandes. Le bureau de la poste française est fermé, mais elle fonctionne clandestinement : les facteurs ont quitté leur uniforme et ils portent les lettres dans leurs poches ou dans de petits paniers.

Les rues sont à peine éclairées le soir : il ne reste presque plus de gaz. Tout le charbon qui se trouvait chez les particuliers a été réquisitionné pour le service de l'usine, et il n'y a pas possibilité d'en faire venir du dehors. Les magasins se ferment entre 5 et 6 heures. Quel bon temps pour les commerçants ! Leurs journées sont plus courtes, et quelques-uns surtout profitent de ce que les communications paraissent difficiles pour vendre beaucoup plus cher et écouler à un bon prix des marchandises de qualité inférieure.

21 Novembre

On demande pour les ambulances 70 nouveaux bois de lit et 150 couvertures. Il paraît que les Prussiens trouvent l'air de Sens excellent pour leurs malades : ils n'en n'ont pas encore perdu un ici, tandis qu'à Troyes ils en perdent plusieurs par jour : on parle déjà de fonder une troisième ambulance où seront mis ceux qui auront le typhus. Le commandant réquisitionne pour ses bureaux vingt-quatre mains de papier et dix paquets de bougies.

22 Novembre

La famille de M. Lavoué, de Pont-sur-Vanne, obtient du commandant prussien d'exhumer les restes des deux malheureux qui ont été fusillés le 14 novembre dernier et de leur faire rendre les honneurs de la sépulture.

Le commandant fait donner par la ville, au conducteur prussien qui a été blessé le même jour et qui serait peut-être mort dans la rue, sans les secours empressés et la charité toute chrétienne de M. D., une somme de 123 thalers ou 461 fr. 25, qui représente la valeur de ce qu'il a perdu dans la bagarre. Dans le cas où il aurait succombé à sa blessure, la ville devait donner à sa veuve, une indemnité de 30 000 fr. On apprend avec plaisir qu'il est tout à fait hors de danger.

23 Novembre

Le commandant Müller est remplacé et va partir. Pendant le séjour qu'il a fait à Sens, il semblait avoir pris à tâche de chercher à s'exprimer convenablement en français. Il se donnait beaucoup de peine pour cela et quand il n'avait pas compris d'abord son interlocuteur, il le faisait répéter plusieurs fois et lentement. Les mots n'arrivaient pas très vite, mais il les trouvait, et si parfois on le surprenait à employer un terme impropre, il se montrait toujours satisfait d'avoir été compris et répétait pour la graver dans sa mémoire l'expression propre que son interlocuteur lui avait fournie. Une seule fois il se départit de ses habitudes. C'était le jour où M. Chaudet venait d'être amené prisonnier, et il s'agissait de dicter à un employé l'acte d'écrou. « Le nommé Chaudet, disait-il, sera… sera… *encloué* dans la prison de Sens. — *Encloué*, remarqua l'employé, c'est sans doute *écroué* que vous voulez dire. — Non, ajouta-t-il avec un sourire, mettez *encloué,* c'est très bon en allemand. »

Contrairement à son successeur, le baron Printz, il prenait autant que possible personnellement les informations dont il pouvait avoir besoin. Il venait souvent à la mairie où sa présence était moins gênante que celle des subordonnés du baron Printz qui ne semblaient y venir fréquemment que pour faire le vil métier d'espions et jeter dans l'esprit de leur chef la méfiance à l'égard de tout le personnel français, malheureusement obligé d'être trop souvent à leur service. La droiture et la franchise militaire du commandant Müller lui imposaient l'obligation de tout voir et de tout entendre par lui-même. Comme il le disait avant son départ : « Moi, je ne suis pas fait pour rester ici, je suis fait pour le combat. » Il plaignait le sort de notre ville occupée par l'ennemi, mais il ne pouvait s'empêcher de rappeler que sa ville natale payait encore maintenant les frais résultant de l'occupation française pendant le premier Empire.

Son successeur, qui était colonel de dragons et portait un fort bel uniforme bleu de ciel, fit imprimer et apposer sur les murs de la ville l'affiche suivante :

PROCLAMATION

« Je porte à la connaissance du public que je suis nommé commandant de cette ville.

« Je ferai tous mes efforts pour soulager la ville et ses habitants, cependant il est des demandes obligatoires auxquelles la ville devra satisfaire.

« Je rappelle qu'en vertu d'une proclamation déjà affichée, les armes doivent être déposées à la mairie, faute de quoi les peines énoncées dans ladite affiche seront appliquées.

« J'autorise les tambours des pompiers à battre le rappel en cas d'incendie, mais, comme la garnison apportera son concours, je défends à la population de se transporter sur le lieu du sinistre.

« J'interdis tous les attroupements dans les rues.

« Je permets d'annoncer comme d'habitude les ventes publiques à son de trompe.

« La garnison recevra chaque jour le signal du réveil et du coucher.

« Les employés de la police porteront sur le bras gauche un brassard blanc, revêtu du timbre du commandant et de celui de la mairie.

« Je recevrai le public tous les jours, de 10 à 11 heures du matin, et les bureaux seront ouverts jour et nuit.

« Les habitants qui voudraient s'opposer à mes ordres seront arrêtés et punis.

« Sens, 23 novembre 1870.

« Le baron PRINTZ DE BOUCHAU,

« *Commandant de la ville.* »

24 NOVEMBRE

Voici une réquisition qui fait moins de peine que les autres, c'est celle d'un cercueil et d'une fosse pour un Prussien qui vient de mourir à l'ambulance. Celui-là ne se battra plus contre les nôtres.

25 NOVEMBRE

Si le commandant Müller était fait pour le combat, le baron Printz semble fait pour l'administration et la règlementation. Ce n'est pas, du reste, une mauvaise chose, si tous ses arrêtés sont comme le suivant qu'il fait afficher en allemand à toutes les portes de la ville :

« Tout logement militaire ou changement de logement ne peut avoir lieu sans la permission du commandant.

« Chaque troupe, à son arrivée, s'avancera jusqu'au poste principal, y formera les faisceaux ou s'y reposera ; le guide ira prévenir de l'arrivée le commandant, rue du Saint-Esprit, n° 9.

« Sens, le 25 novembre 1870.

« *Le commandant de l'étape royale,*
« Baron PRINTZ DE BOUCHAU. »

En même temps que cette affiche, il envoie à la mairie un petit billet écrit en français et dont nous respectons le style et l'orthographe :

« La mairie est prié de vouloir bien faire attacher les publications ci-joints à la mairie et aux portes de la ville ou ce trouvent les sentinelles. Par cette publication il est défendu aux militaires de toutes charges de se loger ou changer de logis sans permission du commandant. »

Aujourd'hui, réquisition de 50 livres de fromage, 2 voitures de luxe pour transporter des officiers, 11 charrettes, 17 chevaux, 13 conducteurs.

26 NOVEMBRE

Nous commençons à respirer un peu : il n'y a plus de passages de troupes ou du moins les soldats qui passent sont en petit nombre et la plupart sont logés à la caserne.

Quelques journaux allemands qui nous tombent sous la main nous apprennent que le prince Frédéric-Charles n'a pas pu, comme il l'avait projeté, cerner notre armée de la Loire ; le général d'Aurelles de Paladines a fait, paraît-il, une pointe très heureuse contre les Prussiens qui, pendant quinze jours au moins, ne pourront pas gagner de terrain sur la Loire ; leur premier plan a été déjoué, mais ils en ont deux autres en réserve. Espérons qu'il en sera de ces deux derniers comme du premier.

Nous apprenons d'une source certaine qu'Auxerre n'a pas été envahi ; il y a eu seulement une grande panique par suite de laquelle le commandant de la subdivision, les mobiles et les mobilisés se sont repliés du côté de Clamecy. Auxerre est de nouveau occupé par les troupes françaises.

L'ancien fil télégraphique français entre Sens et Villeneuve-l'Archevêque, dont les Prussiens se servent pour se mettre en communication avec leur quartier général, a déjà été coupé plusieurs fois ; des dérivations au sol ont été aussi produites malgré les nombreuses patrouilles de cavalerie qui sont toujours sur la route. Le commandant Printz envoie aujourd'hui, à la mairie, la note suivante :

« D'après des informations récentes, la ligne télégraphique a été coupée à une distance d'une lieue sur le chemin de Villeneuve. La mairie est invitée à envoyer de suite une commission sur ledit lieu afin de s'assurer du fait. Aussitôt que les personnes composant cette commission seront de retour, elles s'annonceront à la commandanture de Sens afin de déclarer de quelle commune fait partie le lieu où le fil télégraphique a été brisé. »

A cette note était jointe une affiche de l'inspecteur général des étapes, von Tiedemann, qui déclarait passible d'une amende de 2 000 francs toute commune sur le territoire de laquelle un fil télégraphique aurait été brisé.

La mairie ne jugea pas à propos d'envoyer de commission et l'affaire en resta là.

Une troisième ambulance, celle-là réservée spécialement aux Prussiens atteints du typhus, est installée dans l'église qui se trouve à l'extrémité du faubourg Saint-Savinien. Il avait été question d'abord de prendre l'église Saint-Didier, mais on y a renoncé à cause de sa proximité de la ville. C'est encore la mairie qui fait les frais d'installation : elle doit fournir, ce jour-là, pour les ambulances, 35 lits montés, 20 cuvettes, 20 aunes de toile cirée, 40 aunes de toile grise, 3 000 clous de souliers. Elle doit aussi faire poser des poêles pour maintenir dans les salles la température demandée par les médecins.

Plusieurs Prussiens malades sont soignés chez des particuliers qui sont, pendant ce temps, dispensés du logement militaire.

Le commandant Printz, qui a avec lui six officiers, trois écrivains, sept domestiques, est installé dans la maison de M. de Fontaine, rue du Saint-Esprit. M. Fenard est chargé, à partir d'aujourd'hui, de leur fournir deux repas, café compris, pour la somme de 80 francs par jour. Le vin est en dehors et sera fourni par M. Epoigny. L'officier de la poste, qui loge chez M. Lambert, dînera à la table du baron Printz. Les deux employés du télégraphe et l'officier qui commande la caserne sont logés et nourris aux frais de la ville à l'hôtel de *Paris*.

27 NOVEMBRE

Le conseil municipal a beaucoup à faire par suite des réquisitions continuelles des Prussiens. Pour faciliter le service, il s'est subdivisé en plusieurs commissions : 1º ambulance de la Grande-Rue ; 2º ambulance du séminaire ; 3º rations des ambulances ; 4º rations de la caserne ; 5º rations des troupes de passage ; 6º rations des chevaux ; 7º achat et réception du pain; 8º achat et réception des pailles et fourrages ; 9º boucherie, achat et réception des viandes ; 10º réquisition des chevaux et voitures ; 11º finances. .

Aujourd'hui, on demande 20 balais, 50 couvertures de laine, et 2 cercueils pour deux soldats morts dans les ambulances.

La première fois que les Prussiens avaient demandé un cercueil, ils avaient réquisitionné aussi un linceul. Celui-ci fut délivré par l'hôpital : un sous-officier le rapporta à la mairie, déclarant que c'était une honte pour l'humanité d'ensevelir les soldats dans une toile aussi grossière, puis il s'emporta et le jeta sur le plancher. On lui répondit que ce qui servait aux Français pouvait bien servir aux Prussiens, que l'emploi d'un pareil linceul n'était une honte pour personne, et qu'on n'en délivrerait point d'autre. Le linceul resta à la mairie et les soldats prussiens furent ensevelis dans leurs capotes.

Le règlement suivant, imprimé à Berlin, est affiché dans les ambulances. On a pensé qu'il ne serait pas inutile de le traduire pour faire connaître la discipline et l'esprit d'ordre des Allemands.

Règlement de conduite pour les malades et blessés des ambulances

Les malades et blessés reçus à l'ambulance sont tenus d'observer rigoureusement, par mesure d'ordre, les prescriptions suivantes :

§ Ier. — Tout malade nouvellement entré ne doit se servir que du lit à lui destiné et établi selon la nécessité des circonstances.

§ II. — A son lever, il doit aussitôt refaire son lit, se laver chaque jour, se peigner, se rincer la bouche : à cet effet, un lieu spécial lui sera désigné et on lui donnera les instruments nécessaires.

§ III. — Les malades ne doivent pas, sans permission du médecin, passer dans d'autres salles de malades, parce qu'ils pourraient inoculer un germe de maladie à eux-mêmes ou aux autres.

§ IV. — Il n'y a que ceux qui sont dangereusement malades à qui il soit permis de se servir dans la journée d'un vase de nuit ou du vase de lit ; les autres se rendront aux cabinets communs et videront eux-mêmes leur vase de nuit à l'endroit désigné.

§ V. — Comme il est de l'intérêt de tout malade de se trouver dans une chambre propre, il faut que chacun prenne garde de ne point abîmer ou souiller les murs et les objets de service dans les chambres, de ne point cracher sur le parquet, de ne point se coucher sur le lit avec ses chaussures, etc.

§ VI. — Le tabac étant très nuisible à un grand nombre de malades, l'usage de fumer n'est point permis dans les salles des malades ; on ne pourra fumer qu'avec la permission spéciale du médecin, dans un endroit déterminé ou dans la cour.

§ VII. — Il n'est permis à aucun malade de donner sa ration d'aliments ou de boisson à d'autres, ni d'en faire l'échange sans la permission du médecin ; il devra, s'il ne peut manger, rendre sa ration à l'infirmier.

§ VIII. — Personne ne crachera ni ne jettera n'importe quoi par les fenêtres qui donnent sur la cour ou sur la rue ; il est expressément défendu de se servir des coins de la cour pour y déposer des ordures ; tout cela doit avoir lieu aux endroits déterminés.

§ IX. — Les malades n'iront pas à la cuisine chercher ce dont ils pourraient avoir besoin ; ils devront s'adresser à l'infirmier.

§ X. — Les objets de service fournis aux malades par l'ambulance devront être rigoureusement entretenus et n'être pas follement détériorés.

§ XI. — Le médecin qui ordonne les médicaments aux malades fixe aussi le choix des aliments et la quantité des portions. Cette dernière est indiquée sur une tablette noire suspendue au-dessus du lit. Conformément à cette prescription, le malade recevra tout ce qu'il lui faudra ; pourtant, s'il avait quelque réclamation ou plainte à formuler, il la formulerait en présence du médecin dans le service duquel il a été placé.

§ XII. — Nul malade ne sortira de l'ambulance sans l'autorisation spéciale du médecin. Si la sortie est jugée utile pour la santé et que la permission en soit donnée, le malade recevra un certificat qu'il exhibera au moment de sortir.

§ XIII. — Personne ne viendra visiter un malade ou pénètrera à l'ambulance pour d'autres motifs sans en donner avis au médecin qui est de surveillance ; les visiteurs eux-mêmes voudront bien se résigner à se laisser fouiller, de crainte qu'on n'apporte aux malades des aliments qui pourraient nuire à leur rétablissement.

§ XIV. — Chacun est tenu de ne point faire de bruit, d'ouvrir et de fermer doucement les portes, de monter et de descendre tranquillement les escaliers, de se montrer poli à l'égard de tous les fonctionnaires de l'ambulance ainsi qu'à l'égard des infirmiers.

Le tambour de ville annonce aujourd'hui que, par ordre du commandant, les charretiers requis qui ne se présenteraient pas à l'heure indiquée seront passibles d'une amende de 40 francs et d'autres peines en cas de refus.

Un service de voyageurs est établi entre Sens et Auxerre ; nous recevons ainsi quelques journaux et des dépêches.

28 Novembre

Une phrase de la proclamation du commandant prussien inquiétait les habitants : c'était celle dans laquelle, en cas d'incendie, la garnison devant prêter son concours, il défendait à la population de se porter sur le lieu du sinistre.

Le capitaine des pompiers de Sens, justement ému, rédigea l'avis suivant auquel le commandant prussien, aussitôt qu'il eut appris que les habitants avaient l'habitude, en cas d'incendie, d'apporter des seaux et de former des chaînes, ne refusa pas de donner son approbation.

AVIS

« Jusqu'à nouvel ordre, en cas d'incendie dans la ville de Sens et ses faubourgs :

« Les tambours de la compagnie, dans leur tenue ordinaire, battront en ville le rappel du feu ;

« Les sapeurs-pompiers se rendront au dépôt, et de là sur le lieu du sinistre, dans la tenue ordinaire, casque, ceinture de manœuvre avec cordages à bilboquet, bricole à crochet, veste ou embrouille ;

« Les sous-officiers porteront le casque et le frac ;

« Les officiers porteront le casque et le frac garni des épaulettes et du hausse-col ;

« Les habitants de la ville, porteurs de seaux à incendie, sont autorisés à prêter leur secours et à venir former les chaînes ;

« Les mesures d'ordre et de sûreté seront pri-

ses par M. le commandant des forces prussiennes
à Sens;

« Le présent ordre sera immédiatement communiqué à MM. les officiers, sous-officiers, caporaux et sapeurs de la compagnie.

> *« Le capitaine commandant la compagnie des sapeurs-pompiers de la ville de Sens,*
>
> « SIMONNET. »

« Approuvé par le commandant de la ville de Sens,

« Baron PRINTZ DE BOUCHAU. »

Tout le temps que dura l'occupation il n'y eut du reste aucun sinistre à déplorer : quelques feux de cheminée causés par l'imprudence ou la malveillance des soldats qui ne ménageaient pas le bois de chauffage quand on le laissait à leur discrétion, furent promptement éteints par les propriétaires des maisons et par les voisins.

C'est marché aujourd'hui : la crainte des réquisitions et du pillage ont fait affluer les produits de la campagne. Les habitants des communes environnantes cherchent à convertir à tout prix leurs marchandises en bon argent comptant qu'il est très facile de cacher en lieu sûr, et comme d'un autre côté les habitants de la ville, auxquels les revendeurs de Paris ne font plus concurrence, ne sont pas disposés à faire de grandes provisions à l'avance, les prix ont considérablement baissé. Les dindes se vendent 2 francs et 2 fr. 50; les canards, 1 franc; les beaux poulets, 1 fr. 75 la paire; le beurre, 0 fr. 80

la livre. La viande de boucherie a aussi notablement diminué, mais, chez les épiciers, le sucre se paie 1 fr. 50 la livre, les allumettes 1 franc le paquet. L'huile à brûler et la bougie deviennent très rares et très chères, et par nécessité autant que par économie, dans beaucoup de maisons on brûle de la chandelle.

Un détachement de soldats, arrivés hier à la caserne et nourri par la mairie, s'était plaint de n'avoir pas eu des vivres en quantité suffisante ; depuis plusieurs jours, les Prussiens engageaient la ville, qui n'avait plus de foin, de paille et d'avoine, à organiser elle-même des réquisitions pour le service des armées allemandes dans les communes environnantes. C'est à ces deux faits que se rattache la note suivante :

A LA MAIRIE DE SENS

« Ayant appris que le détachement de 318 hommes, arrivé hier, avait été mal nourri par la mairie, nous ordonnons de lui fournir aujourd'hui double ration.

« En même temps, la commandanture invite la mairie à organiser immédiatement le service pour les réquisitions de paille, foin, avoine et voitures ; elle fera remarquer en même temps que les communes qui exécutent ponctuellement les ordres de la mairie seront traitées par nous avec la plus grande indulgence ; mais que du moment où elles opposeront de la résistance, la commandanture se verrait obligée de leur imposer une contribution assez considérable.

« Sens, 28 novembre 1870.

« *Commandanture de l'étape royale,*

« Baron DE PRINTZ. »

La mairie s'empressa de transmettre à la commandanture la réponse suivante :

« La mairie a livré aujourd'hui même, sur la demande de M. le commandant, la double ration exigée pour 318 hommes.

« Une surveillance plus sévère pour la distribution des vivres serait fort désirable.

« Quant aux réquisitions à faire dans les communes environnantes, le conseil municipal de Sens déclare qu'il n'a nullement le droit de s'immiscer dans les affaires des autres communes, attendu que l'action d'un conseil municipal ne s'étend pas au delà des limites de la commune dont il est l'élu. »

Le commandant insista et un service spécial fut organisé pour les réquisitions à faire dans les campagnes. Ce service rentra dans les attributions du commissaire de police à qui la commandanture transmettait le nom des communes désignées avec l'indication du chiffre et de la nature des réquisitions. Du reste, le commandant considérait comme un acte de justice de diminuer un peu les lourdes charges qui pesaient sur la ville depuis le commencement de l'invasion. Jusqu'alors, la campagne n'avait fait que bénéficier sur les besoins nouveaux que le séjour prolongé de l'ennemi créait à la ville de Sens.

29 Novembre

Le bruit a couru que des francs-tireurs, appartenant à l'armée de Garibaldi, profiteraient d'un jour
où la garnison serait peu nombreuse pour pénétrer
la nuit en ville et dans le lycée et faire les Prussiens prisonniers. Comme il est probable que si un
pareil coup de main était tenté on se battrait au
lycée, ce qui exposerait à de sérieux dangers les
élèves qui y couchent, le proviseur obtient de la
ville la cession d'une grande maison inhabitée, rue
Allix, nᵒ 72, et il y fait installer des dortoirs pour
les internes qui tous les soirs quitteront le lycée à
8 heures et n'y rentreront que le lendemain matin.

Nous continuons à recevoir des lettres en cachette.
On ne saurait trop louer à ce sujet le zèle des employés de l'administration des postes. Le receveur,
M. la Barre, malgré les difficultés de tout genre,
malgré la menace d'être arrêté et fusillé, veille à ce
que le service soit interrompu le moins souvent
possible. Son bureau est fermé, mais il reçoit chez
lui avec la plus grande obligeance les lettres et les
mandats des particuliers. Un employé, M. Saunier,
malgré les Prussiens qu'il loge, cache chez lui les
lettres qui arrivent, en fait le triage et souvent
même la distribution. Enfin les paquets de corres-
pondance sont apportés à Sens par le facteur Brion
qui va les chercher à pied et souvent fort loin ; il
obligé parfois de les prendre à Auxerre.

Quand la mairie doit faire parvenir au chef-lieu
du département des pièces importantes, M. Biard,

conseiller municipal, veut bien en accepter la responsabilité et les porte lui-même au chef-lieu.

Plusieurs fois aussi, les lettres ont été apportées d'Auxerre par le receveur des finances, M. Crespin, qui, lui non plus, n'a pas cessé son service et a pris les mesures les plus habiles pour mettre sa caisse à l'abri des Prussiens et continuer à payer les rentes et les mandats.

De pareils dévouements sont rares et il est bon de les signaler à la reconnaissance publique.

Si les Prussiens s'opposent à ce que la poste française fonctionne, ce n'est pas tant pour nous priver de nouvelles que pour nous forcer à nous servir de leur poste. Le personnel de celle-ci, qui est installée, comme on l'a déjà dit, chez le docteur Lambert, se compose d'un directeur, appelé Grabach, de deux employés ayant rang d'officier et de quatre soldats ; ceux-ci, qui ont presque toujours la pipe à la bouche, se tiennent dans une sorte d'antichambre où ils servent le public nombreux qui s'adresse à eux. Ils ne se chargent que de lettres ouvertes, ils ferment et pèsent les lettres contenant de l'argent à destination des prisonniers français. Ils remettent, dans le bureau même et de la main à la main, les correspondances à l'adresse des habitants. Ils sont en général très complaisants, mais ils comprennent peu le français et il est difficile d'obtenir d'eux les renseignements que l'on désire. Leurs transports sont presque toujours accompagnés de deux ou trois voitures de réquisition chargées de soldats.

30 Novembre

On se rappelle cette voiture de dépêches qui, le 14 dernier, avait été prise par des gardes nationaux entre Sens et Villeneuve-sur-Yonne. Un journal de Tours a fait grand bruit de cette capture; les journaux allemands ont reproduit l'article et le prince Frédéric-Charles, qui l'a lu, fait demander à la ville de Sens 13000 francs de dommages-intérêts.

La seule concession qu'obtienne la municipalité, c'est de payer cette somme en deux fois. Elle profite aussi de cette circonstance pour rendre à la Prusse une partie des thalers que les commerçants ont été forcés d'accepter; voici le reçu du commandant :

« Ont été payés à moi par la municipalité de Sens mille trois cent quarante-huit thalers, comme à compte sur l'amende en dommages intérêts de 3578 thalers 12 1/2 sbg. A la prière de la municipalité, on accordera un délai de huit jours pour trouver les 2230 thalers sbg. qui doivent compléter la somme.

« Sens, le 30 novembre 1870.

> « *Commandanture royale :*
>> « Baron de Printz. »

1er Décembre

Depuis hier on attend des prisonniers français; ils ont été annoncés par un voyageur qui les a vus du côté de Chéroy. Ils arrivent ce soir. L'escorte qui les accompagne est beaucoup trop nombreuse pour qu'on puisse songer à les délivrer. Il sont trois cents environ ; il y a quelques turcos, deux dragons, beaucoup de soldats de la ligne et surtout beaucoup de mobiles ; ceux qui appartiennent à l'armée active sont à peu près convenablement habillés, mais les mobiles sont en général mal vêtus, mal chaussés, et ils souffrent beaucoup du froid qui est très vif. Malgré cela ils ne se plaignent pas ; ils disent que nos affaires vont bien du côté de la Loire, que bientôt nous aurons le dessus. Ils sont conduits à la caserne du lycée, où ils doivent passer la nuit.

Il paraît que le sous-préfet est de retour. On dit tout bas qu'il est venu pour organiser la levée des hommes mariés. On dit aussi, mais c'est sans doute un bruit qui n'a aucun fondement, que le commandant prussien lui a écrit un billet dans ce sens : « Le commandant prussien vient d'apprendre qu'un étranger était descendu à la sous-préfecture ; il prie cet étranger de passer à son bureau pour lui apprendre ce qu'il est venu faire. »

Les Prussiens réquisitionnent aujourd'hui 43 voitures, 44 chevaux et 43 conducteurs ; ils en ont réquisitionné aussi beaucoup dans les campagnes environnantes. Il paraît qu'une grande bataille est imminente du côté de la Loire et qu'il leur faut des voitures pour transporter les blessés.

2 Décembre

Nos pauvres prisonniers sont partis ce matin. Mgr Bernadou, archevêque de Sens, est venu, à 7 heures, les visiter et leur apporter des secours et des consolations. Quelques personnes qui ont pu les approcher au moment où ils sortaient du lycée, leur ont offert de l'argent : « Non, point d'argent, ont-ils dit, les Prussiens nous le prendraient ; mais du pain, nous n'en avons pas assez. » Ils étaient presque tous jeunes et avaient l'air très fatigué.

Toute la journée on entend le canon dans le lointain. C'est un roulement continuel, puis à intervalles très rapprochés, des coups beaucoup plus forts, Il y a des endroits de la ville où le son arrive beaucoup mieux que dans d'autres ; c'est sur le quai, près de l'abattoir, qu'on entend le mieux. A quelle distance est la bataille? Les appréciations varient de douze à trente lieues! Quelques personnes pensent que c'est à l'armée de la Loire; d'autres, les plus nombreuses, que c'est sous les murs de Paris. Les Prussiens sont aussi inquiets que nous : s'ils allaient être battus!

Aujourd'hui, requisition d'une bride, six cruches, quatre paires de bottes, douze paires de bas.

Des soldats qui arrivent le soir sont logés dans la salle de danse, rue Beaurepaire ; la mairie est chargée de leur faire porter à manger.

3 Décembre

Il est tombé deux pouces de neige pendant la nuit; on n'entend plus le canon.

Un voiturier réquisitionné deux jours auparavant n'avait pas répondu à l'appel de son nom ; la mairie reçoit la note suivante :

« Le voiturier Perrot, qui a refusé l'autre jour à

suffire à une réquisition de voiture régulièrement faite, paiera une amende de 50 francs à la mairie de Sens.

« Baron DE PRINTZ. »

L'amende dut être payée.

Dans la journée, réquisition de 2 kilogrammes de cire à cacheter, 2 000 allumettes, 30 couvertures, 12 tasses, une casserolle, 6 verres, une salière en bois.

Outre cette réquisition extraordinaire, la mairie fait chaque jour, à la caserne et aux ambulances des fournitures assez considérables. La réquisition des vivres à livrer demain pourra en donner une idée :

CASERNE

Vivres pour un effectif de 460 hommes

690 livres de pain.	1 livre d'épices.
460 livres de viande.	15 litres de vinaigre.
230 litres de vin.	1 paquet d'allumettes.
5 sacs de pommes de terre.	57 chandelles.

KRUGER, *chef de cuisine.*

La mairie est invitée à fournir les vivres ci-dessus.

Baron PRINTZ.

AMBULANCE

Livraison à faire pour la 6e ambulance
du IIIe corps d'armée

1o Au séminaire

22 livres de farine.	2 livres de ciboulettes.
150 — de viande.	6 — de beurre.

250 livres de pain.   Un demi-sac de sel.
10 — de café.   100 têtes de choux.
15 — de sucre.   41 litres de vin.

2° A l'église Saint-Savinien

4 livres de farine.   4 livres de sel.
30 — de viande.   1 — de beurre.
40 — de pain.   15 têtes de choux.
3 — de café.   13 litres de vin.
4 — de sucre.

HERKNER,
Inspecteur des ambulances.

A livrer. — Baron PRINTZ.

4 DÉCEMBRE

Un lettre d'un mobilisé de Sens nous apprend
que, le 30 novembre, le général de division
de Pointe de Gévigny a passé, à Auxerre, une
grande revue des mobilisés de l'Yonne, de la Côte-
d'Or et de l'Aube, formant un effectif de 12000 hommes. Il y avait à cette revue, comme troupes régulières, deux turcos à cheval et huit dragons ; quant
à l'artillerie, elle faisait complètement défaut. Le
bruit courait cependant qu'un canon en fonte,
coulé à Auxerre même, était dans les jardins de la
préfecture et que le jour où il avait été essayé il était
parti par la culasse. Après cette revue, dont le but
avait été surtout de donner aux espions prussiens
une très haute idée de la bonne tenue et de la discipline des mobilisés, les troupes ont reçu l'ordre de
se replier du côté de la Nièvre ; et Auxerre, comme

tant d'autres villes, n'a plus à compter que sur le patriotisme de ses habitants.

Nous lisons dans *l'Yonne* d'hier une longue dépêche de Gambetta annonçant que le général Ducrot est sorti de Paris, que l'armée de la Loire s'avance et que la capitale sera bientôt délivrée.

On se communique aussi la dépêche suivante, qui vient on ne sait d'où, qui n'est pas signée, qui est pleine d'invraisemblances, qu'on lit cependant, qu'on commente et à laquelle on finit par croire en partie, tant on a de propension à accepter les bonnes nouvelles :

« Armée de la Loire. 270000 hommes, canons à six coups. Sortie de Paris. Ravitaillement du général Kératry, de l'Ouest, qui a fait sa jonction avec le général Michel, de l'Est, ayant 100000 hommes. Grand combat favorable aux Français, Quartier général prussien de Versailles à Rheims ; plus de Prussiens à Dijon ni sur la route du Midi. Français bombardent Pithiviers où se trouve Frédéric-Charles.

« Les avant-postes de l'armée de la Loire sont à peine à deux lieues de l'armée prussienne.

« 100000 hommes de l'armée du Nord donnent la main à Paris.

« Paris se ravitaille. »

On n'a jamais su quel était l'auteur de cette prétendue dépêche officielle, mais on peut dire qu'il a fait une méchante action, en se jouant ainsi de la crédulité publique.

Depuis plusieurs jours, les soldats de la caserne se plaignent de n'avoir pas assez de pain; d'un autre côté, la municipalité a été prévenue qu'ils en avaient plus qu'il ne leur en fallait, et qu'ils en vendaient dans les quartiers environnants, elle se plaint donc d'en trop fournir. Le commandant règle cette affaire par la décision suivante :

« Afin de pouvoir établir plus facilement le contrôle sur le pain, et en faciliter la distribution, le commandant invite la mairie à ne fournir que des pains de trois livres, de façon à ce que chaque pain compte pour deux rations. Le fourrier n'indiquera plus dorénavant que le nombre des pains.

« Baron DE PRINTZ. »

Dans la journée, réquisition de 30 verres, 10 cuvettes, 25 assiettes, 30 tasses, 20 terrines, 20 cuillères.

Vers deux heures, un détachement amène à la caserne une vingtaine de turcos prisonniers; ils sont tous sur des voitures et plusieurs paraissent grièvement blessés. Ils recueillent sur leur passage de grandes marques de sympathies : « Vive la France ! » s'écrie en passant à côté d'eux M. l'abbé G. Aussitôt un soldat prussien s'approche de lui et le menace. « Qu'avez-vous ? » lui dit tranquillement l'abbé G.., « je ne vous insulte pas, je crie : Vive la France ! » Comme ceux de dimanche dernier, ces prisonniers sont conduits à la caserne du Lycée.

Vers quatre heures, un autre détachement amène par la Grande-Rue un franc-tireur, qui lui aussi a été fait prisonnier, à Egriselles-le-Bocage, dit-on.

Voici, d'après un rapport très précis qui nous a été communiqué plus tard avec la plus grande obligeance, et aussi d'après des renseignements personnels, ce qui s'était passé dans cette commune :

Le 3, à dix heures du soir, était arrivé à Egriselles-le-Bocage une compagnie du 35e de ligne allemand. Ces soldats dînèrent et allèrent se coucher dans l'église, pour ne point se séparer. Ils devaient repartir le lendemain, à dix heures du matin, après avoir déjeuné. Mais quelque temps avant le lever du jour, les francs-tireurs de l'Ardèche vinrent les attaquer; ils s'étaient retranchés dans les maisons qui sont sur la place et tiraient sur l'église. Les Prussiens se barricadèrent et du haut du clocher, des fenêtres et par des créneaux pratiqués dans les deux pignons et dans la toiture, ils tirèrent sur les francs-tireurs qui venaient de mettre le feu à la porte de l'église et apportaient de la paille pour l'alimenter. Ils en tuèrent deux et en blessèrent un mortellement. Les autres francs-tireurs ne persistèrent pas dans leur entreprise et prirent la fuite.

Une demi-heure après, les Prussiens n'entendant et ne voyant plus rien sortirent de l'église; ils explorèrent les rues, les carrefours, les environs du village et les maisons dont ils brisèrent les vitres. Ils rencontrèrent deux malheureux francs-tireurs qui avaient eu la témérité de ne pas suivre leurs camarades, ils en tuèrent un et firent l'autre prisonnier. En tuant le premier qui s'était réfugié dans la maison d'un nommé Pinsonnat, charron, ils blessèrent grièvement l'homme et la femme : celle-ci mourut plus tard des suites de ses blessures, et l'homme, grièvement atteint au bras, commence seulement à se rétablir.

Le capitaine commandant la compagnie avait donné des ordres pour que le village fût incendié, et déjà ses soldats commençaient à mettre le feu à plusieurs maisons, quand le curé se présenta à lui et déclara qu'il était prêt à sacrifier sa vie pour sauver le pays : « S'il vous faut une victime, lui dit-il, prenez-moi, mais, je vous en supplie, épargnez ces pauvres habitants qui ne vous ont rien fait et qui ont déjà trop souffert de la lutte qui vient d'avoir lieu ici. » Cette intervention courageuse, ce dévouement chrétien touchèrent profondément l'officier; il donna de nouveaux ordres, les commencements d'incendie furent éteints et Egriselles sauvé.

Les Prussiens se firent conduire ensuite par l'instituteur à un hameau situé à 3 kilomètres de Courtenay; mais là ils apprirent qu'il y avait 500 francs-tireurs dans le voisinage, et comme ils n'étaient plus sur la route des étapes, ils retournèrent sur leurs pas et se dirigèrent du côté de Sens. Ils emportaient avec eux les couvertures qu'ils avaient empruntées la veille pour se garantir du froid.

Au moment où ils arrivèrent dans la Grande-Rue, après avoir traversé le faubourg d'Yonne, ils furent entourés d'un grand nombre de personnes qui cherchaient à s'approcher du franc-tireur. Ils eurent quelque peine à éloigner la foule et conduisirent leur prisonnier à la commandature ; le bruit se répandit en ville qu'il allait être fusillé. La curiosité et la pitié occasionnèrent un grand rassemblement dans la rue du Saint-Esprit. Bientôt on vit sortir de la commandature le franc-tireur escorté par des Prussiens qui prirent la direction de la Grande-Rue, dans l'intention de conduire leur prisonnier à la caserne du Lycée. Deux soldats marchaient à ses côtés, l'un le fusil sur l'épaule, l'autre le sabre nu à la main. La femme Chaudron, née Bazile, les suivait à quelque distance. Arrivée au coin de la rue du Saint-Esprit, elle se disposait à reprendre le chemin de sa maison, quand elle entendit le soldat prussien porteur du fusil, proférer des menaces : elle se retourna instinctivement, et à ce moment elle se sentit violemment atteinte à l'épaule droite en même temps qu'elle entendait une forte détonation ; elle se crut morte et tomba dans les bras du sieur Lassonde qui aida à la transporter à la pharmacie Loriferne où elle reçut les premiers soins, puis chez elle.

La balle qui lui avait traversé l'omoplate atteignit à 240 mètres de là, près du bazar, le nommé Rousseau Pierre, marinier, et lui fit une forte contusion au-dessous des reins.

Rien ne semblait justifier cet acte criminel du Prussien : c'est ce qui a fait supposer au commandant qu'il y avait eu accident plutôt que préméditation.

La femme Chaudron, rentrée chez elle, fut pansée par le docteur Moreau et reçut peu de temps après la visite du procureur de la république, M. Detourbet, qui commença aussitôt une enquête.

« Je souffre cruellement de ma blessure, lui dit la malheureuse, en terminant sa déposition, et cependant je consentirais à ce qu'aucune suite ne fût donnée à l'affaire, pourvu que les Prussiens accordassent la grâce du jeune franc-tireur, dont le sort m'épouvante et me trouble beaucoup : cela augmente mon mal. Je vous serais personnellement très reconnaissante, M. le procureur, si vous vouliez bien faire une démarche dans ce sens auprès du commandant de place. »

Il fut fait selon ses désirs, et le baron de Printz, qui avait déjà envoyé chez elle trois médecins prussiens et qui vint la visiter le soir même, lui donna l'assurance que, sur sa demande, le franc-tireur ne serait pas fusillé, mais envoyé prisonnier en Allemagne. Il lui accorda aussi la grâce du soldat prussien qui, pour sa maladresse, avait été condamné à 50 coups de bâton.

Dans la soirée, la mairie reçut du commandant une note en français que nous reproduisons textuellement; d'ordinaire, toutes les communications prussiennes, de même que les demandes de réquisitions, étaient rédigées en allemand.

« Je communique à la mairie que dans le moment, lorsqu'on conduisait un franctireur prisonnier en arrêt, la populace s'est assemblée dans la rue et a entouré les militaires, qui accompagnaient les prisonniers. Comme ceux-ci étaient obligé de se faire passage de force, le fusil d'un militaire c'est déchargé par hazard et le coup a blessé une femme. Un de nos médecins a accouru pour la soigner.

« A cette occasion je rappelle encore l'arêtre concernant les assemblés de la populace dans les rues, je prie le maire de vouloire faire renouveller demain tambour battant cette défense à la mémoire des habitants. En cas d'une nouvelle assemblé de la populace je serai obligé de faire alarmer la garnison et de faire vider les rues.

« Je regrette infiniment cet accident, mais il faut que j'en fasse responsable la populace, qui entourait les militaires.

« Sens, le 4 décembre 1870.

« Le commandant de place,
« Baron de Printz. »

5 Décembre

Le tambour de ville publie ce matin un avis du maire invitant les citoyens à ne former aucun rassemblement dans les rues.

Réquisition de 20 couchettes, 1 trépied, 1 cercueil.

Dans l'après-midi, un convoi de vivres traverse la ville. Presque tous les jours nous voyons passer des convois de ce genre; ils sont conduits par des charretiers allemands, portant sur leur coiffure une plaque de cuivre ou un petit carré de toile rouge indiquant leur numéro d'ordre, ce qui les a longtemps fait prendre pour des condamnés momentanément tirés du bagne en vue de la guerre : il n'en était rien. Cependant il y avait parmi ces hommes des types si étranges, leur aspect était si misérable, ils paraissaient si tristes et si résignés, et les officiers les traitaient avec une telle rigueur, que cette supposition se présentait naturellement à l'esprit. C'étaient des paysans de tout âge, même des vieillards, ramassés de toutes les contrées de la vaste Allemagne; beaucoup d'entre eux venaient des confins de la Russie, à en juger par les longues houppelandes fourrées dont ils étaient revêtus. Le plus souvent ces convois arrivaient dans la soirée et passaient la nuit à Sens. Les charretiers logeaient principalement dans de grandes salles qui avaient été disposées à cet effet, notamment les salles Lefort et Rousset. Ils recevaient des vivres dans la cour de la mairie, et parfois ils souffraient de la faim depuis si longtemps qu'on en vit quelques-uns manger de la viande crue. Leurs chevaux, à défaut d'écuries, restaient en plein air, exposés à toutes les rigueurs de la saison.

6 Décembre

Le tambour de ville annonce aujourd'hui que les personnes nécessiteuses participeront seules aux distributions de pain et de viande, faites par la mairie pour la nourriture des soldats logés en ville.

Le bruit court que le général Ducrot s'avance rapidement de notre côté; quelques personnes prétendent même qu'il est à Melun.

Ce soir, le gaz fait complètement défaut : la ville est dans les ténèbres, et il pleut.

7 Décembre

Le commandant fait placarder l'affiche suivante :

« Qui appelle en secret ou en public les jeunes hommes aux armes pour combattre les troupes allemandes sera puni en étant fusillé.

« La population en est prévenue afin de ne pas obéir à de tels ordres.

« Sens, le 7 décembre 1870.

« *Le commandant de place,*

« Baron Printz de Bouchau. »

On entend le canon toute la journée. Dans l'espoir d'une prochaine délivrance, des groupes se forment dans les rues et paraissent menaçants au commandant. Il fait rappeler par le tambour de ville que les rassemblements sont interdits.

Réquisition de 60 matelas, 6 poêles et un cercueil.

La municipalité n'a rien pu obtenir relativement à la seconde moitié des 13000 francs de contribution, demandés à la ville huit jours auparavant. Elle paie la somme fixée et le commandant lui remet ce reçu :

« Aujourd'hui, la somme restante de 2230 thalers 12 1/2 sbg. ayant été payée, la commandanture a reçu en totalité la somme complète de trois mille cinq cent quarante-huit thalers 12 1/2 sbg.

« Sens, le 7 décembre 1870.

« *Commandanture royale,* »

« Baron Printz. »

8 Décembre

Les réquisitions ordinaires continuent : les Prussiens, qui trouvent notre système de chauffage par les cheminées très insuffisant, brûlent des quantités considérables de bois. Les hommes de service de la mairie ont peine à suffire aux charrois ; outre les scieurs ordinaires du chantier de l'hôtel de ville, on a dû en employer d'autres à la commandanture, à la caserne du lycée et aux ambulances. Quand le bois demandé par les Prussiens n'arrive pas assez vite, ils menacent d'abattre les arbres de la cour du séminaire et ceux des promenades.

·Réquisition de 10 vestes et 10 tabliers pour les soldats cuisiniers.

9 Décembre

La mairie reçoit la note suivante, rédigée en allemand :

« Nous avons l'honneur d'informer la mairie qu'en vertu d'ordres supérieurs, un service postal a été réorganisé dans les environs de cette ville, service qui est fait par notre bureau de la poste militaire.

« Le service des correspondances pourra s'établir aussi bien pour la ville que pour la campagne, dès que la mairie aura mis à notre disposition le personnel voulu, toutefois sans aucun frais pour l'administration des postes prussiennes. Jusque-là, les destinataires viendront en personne chercher les lettres au bureau. Il est également à désirer que les habitants des villages un peu éloignés soient prévenus que notre bureau tient à leur disposition des lettres à leur adresse.

« Prière à M. le maire de vouloir bien faire réponse, afin de savoir à quelles conditions pourrait avoir lieu cette réorganisation et jusqu'à quelle distance pourrait s'étendre le service de la poste rurale.

« *Service de la poste militaire.* »

A cette lettre, la mairie répondit qu'il ne rentrait pas dans ses attributions d'organiser un pareil service.

Le sous-préfet est reparti. Le commandant, ayant appris qu'il s'occupait de la levée des conscrits de la classe de 1871, avait l'intention de le faire arrêter ; le sous-préfet, prévenu à temps, a pu retourner à Auxerre, et quand un détachement, commandé par un officier, l'a cherché dans la soirée, il n'a trouvé personne.

10 Décembre

Arrivée du général inspecteur von Tiedemann, ayant avec lui 12 officiers supérieurs, 60 officiers, 281 soldats, 80 voitures, 233 chevaux. Le général passe l'inspection de tous les services établis à Sens et des troupes composant la garnison.

11 Décembre

Aujourd'hui, réclamations de plusieurs habitants au sujet des logements militaires.

Quelque temps avant l'invasion, alors que la ville était occupée par un grand nombre de mobiles, le conseil municipal avait divisé les logements militaires en quatre catégories, d'après la fortune supposée des particuliers ; cette division fut maintenue à l'arrivée de l'ennemi. Les habitants de la première catégorie logeaient quatre fois, pendant que ceux de la deuxième logeaient trois fois, ceux de la troisième deux fois, et ceux de la quatrième une fois. Ce classement, qui satisfaisait la plupart des habitants, en mécontenta aussi un certain nombre. Au moment des grands passages de troupes, les réclamations devenaient parfois si pressantes et avaient un tel caractère d'acrimonie, que la pensée vint aux conseillers municipaux de se décharger de la responsabilité des logements en s'en remettant à l'arbitrage même des parties intéressées. Dans chaque quartier, quelques habitants se réunirent en commissions, et, sans prévenir les autres, firent un nouveau classement assez favorable à leurs amis, à ce que disent les méchantes langues. Cette seconde division fut vivement attaquée et l'on en vint à regretter l'état des choses précédent. La lutte fut vive entre les habitants des catégories intermédiaires ; toute vanité avait disparu, et chacun aspirait à descendre. Il faut reconnaître, du reste, qu'à ce moment où les fonds ne rentraient pas et où beaucoup de traitements n'étaient point payés, personne n'était réellement riche. Les ouvriers qui n'avaient plus de travail, et dont les économies étaient épuisées, recevaient, il est vrai, de la mairie, le pain et la viande destinés aux soldats ; mais il leur fallait encore acheter des légumes, le vin, l'éclairage, le bois de chauffage, etc. Dans certaines maisons, la misère et le dénuement étaient si grands que l'ennemi, ému de pitié, venait supplier la mairie de vouloir bien lui assigner un autre logement.

12 Décembre

Il y a eu du verglas ce matin ; le commandant a ordonné de répandre du sable ou de la cendre dans les rues Thénard, Dauphine et Royale. Des troupes doivent arriver de Foissy, où elles ont couché.

Nous voyons aujourd'hui des uniformes français ; ce sont cinq blesssés qui reviennent de Metz et rentrent dans leurs foyers : l'un d'eux marche avec des béquilles. Le voyage les a beaucoup fatigués et ils ont souffert de la faim. Pauvres soldats ! ils gémissent de voir les Prussiens occuper leur pays et de ne pouvoir plus contribuer à les en chasser.

Un fantassin prussien a osé retenir sous clé des voituriers réquisitionnés. On s'en est plaint au nom de la dignité humaine et nos compatriotes ont été relâchés.

Dans la journée, réquisition de 3 lanternes, 1 baignoire, 50 paires de semelles de bottes ; il faut aussi payer à la blanchisseuse de la commandanture une note de 23 fr. 50. Les Prussiens étaient logés, chauffés et nourris : ils se font blanchir à nos frais.

Le soldat prussien qui fait la cuisine de la caserne réclame le paiement d'un traitement mensuel de 60 francs qui lui a été accordé, dit-il, par le commandant ; comme la mairie n'est pas entrée dans cet arrangement, elle refuse de payer.

La commandanture informe la municipalité que

le gouvernement prussien a l'intention d'établir des marchés de foin, paille et avoine à Etampes, Toury et Orléans : toute marchandise sera payée sur-le-champ. Elle la prie d'en prévenir les habitants.

Le soir, près de la porte Dauphine, au café Mossot, deux habitants projettent un coup hardi : il s'agit de désarmer les factionnaires. Il s'approchent des Prussiens, engagent la conversation avec eux, leur demandent comment on fait l'exercice en Allemagne, puis leur expliquent comment on le fait chez nous, et pour aider la démonstration, empruntent leurs fusils à aiguille. Au moment où l'un des deux Prusssiens désarmés écoute attentivement : « Voilà comment on fait chez nous l'escrime à la baïonnette, » dit le Français. En même temps, il simule une attaque contre le Prussien, le fait reculer de quelques pas et profite de sa stupeur pour se sauver avec le fusil dans le faubourg.

13 Décembre

Le commandant est furieux qu'un factionnaire ait été désarmé : il l'a fait mettre en prison et va demander sa condamnation à mort. Il veut aussi qu'on lui livre l'habitant coupable pour le punir. Encore une mauvaise affaire. M. Billebault, qui entretient avec le baron Printz des relations personnelles fort utiles à la ville, se charge d'arranger les choses : il expliquera au commandant que cet habitant n'a agi ainsi que pour le bien public : il passait près de la porte Dauphine et il a vu un factionnaire ivre ; il a craint que celui-ci ne fît mauvais usage de son fusil, et pour éviter tout accident, l'a désarmé : le lendemain il a rapporté le fusil à la mairie.

Le même jour le commandant fait savoir au maire qu'il *sera soumis à la fusillade* s'il s'avise de recevoir des engagements volontaires pour l'armée française. Malgré ces menaces, des feuilles de route furent délivrées aux conscrits de la classe 1871 qui en faisaient la demande.

Un capitaine s'installe avec 25 hommes, rue Beaurepaire, et y commande un poste destiné à veiller à la sécurité des troupes allemandes.

A partir d'aujourd'hui, les factionnaires auront leur fusil chargé et armé, et devront faire feu sur toute personne qui fera mine de les attaquer.

On demande pour l'armée prussienne des ouvriers cordonniers et tailleurs. La mairie doit fournir aussi du cuir et du drap, sinon les officiers prussiens se chargeront eux-mêmes d'en trouver. On ne tient aucun compte de cette réquisition. — Mort d'un Prussien, à l'ambulance de Saint-Savinien.

14 Décembre

Le complice de l homme qui a désarmé la sentinelle prussienne doit subir un interrogatoire : auparavant, le commandant dicte à l'interprète et au commissaire de police les réponses que cet homme doit lui faire. Il veut ainsi, dit-il, éviter à la ville, qui s'est si bien montrée jusqu'ici, une forte contribution.

Le soldat désarmé est condamné à dix ans de peine dans une forteresse.

Afin d'éviter de doubles réquisitions dans certaines communes, la commandanture transmet à la mairie la note suivante :

« La mairie est prévenue par la commandanture que des réquisitions seront faites par la commandanture de Chéroy, dans les communes de Vallery, Villethierry, Dollot, Blennes et Brannay, et que des réquisitions de la part de la commandanture de Sens n'auront par conséquent plus lieu dans lesdites communes. »

15 Décembre

Le commandant prussien, après être allé hier soir à la loge maçonnique comme frère, se réveille ce matin comme ennemi et envoie la note suivante :

« La mairie est prévenue que si aujourd'hui, *à onze heures au plus tard,* les fournitures *demandées* depuis plusieurs jours, telles que cuir, drap, instruments de couture, fil, demandées par la commandanture ne sont pas livrées, cette dernière en fera la réquisition dans les magasins et qu'en outre la ville sera soumise à une forte contribution. »

1 000 Hommes étaient annoncés pour aujourd'hui : il n'en arrive que 250 conduits par 20 officiers. Des billets de logement sont donnés aux fourriers, et dans l'après-midi une douzaine de militaires reviennent à la mairie réclamer d'autres logements que ceux qui leur avaient été donnés d'abord, par pitié, disent-ils, pour les pauvres gens chez qui on les avait envoyés et qui sont réduits à une misère extrême.

Pour régler le plus équitablement possible le service des réquisitions, la mairie invite les propriétaires de chevaux à venir se faire inscrire.

16 Décembre

Le commandant menace de faire saisir deux membres du conseil municipal si le drap et le cuir demandés depuis plusieurs jours ne sont pas immédiatement livrés. On se décide à faire la livraison.

Le tambour de ville annonce que des nouvelles cartes de secours vont être délivrées aux nécessiteux, pour la distribution du pain à la mairie.

17 Décembre

Le commandant établit une station de voitures réquisitionnées, et il en impose la garde aux habitants :

« Aujourd'hui, écrit-il à la mairie, stationneront sur la place du Samedi des voitures réquisitionnées par la commandanture. Pour chaque voiture exigible qui fera défaut, les propriétaires riverains paieront une contribution de 2000 francs. Cet ordre est à publier. »

Il demande que les soldats qui font la cuisine pour les troupes logées à la caserne soient payés par la ville : la mairie répond qu'elle n'a pas à s'en occuper.

Arrivée de 1 400 hommes, cavalerie et infanterie ; la plupart sont d'un âge avancé, et presque tous pères de famille. Ils manifestent beaucoup de compassion pour les habitants pauvres chez lesquels on a voulu les loger.

Réquisition de la voiture de Monseigneur l'Archevêque, pour transporter à Troyes un officier blessé.

18 Décembre

Arrivée de 700 hommes; 2000 sont annoncés pour demain.

Réquisition de 40 mètres de drap et de 3 voitures de luxe, 25 charrettes, 31 chevaux, 28 conducteurs.

19 Décembre

Les 2000 hommes annoncés ont pris une autre direction; ils ont passé par Cerisiers et se dirigent sur Auxerre, qui les attend, dit-on, avec des canons à longue portée.

Un Prussien meurt du typhus à l'église Saint-Savinien : c'est le cinquième.

Réquisition de 36 balais.

Le commandant fait afficher l'avis suivant :

« Chaque arrivant dans un hôtel ou une auberge doit s'inscrire sur un registre que le propriétaire dudit établissement est obligé de tenir. Qui prend son logement dans une maison particulière doit être annoncé immédiatement à la mairie.

« Le commissaire de police remettra tous les jours, à 6 heures du soir, une liste exacte de tous les étrangers arrivés dans les vingt-quatre heures, tant dans les hôtels ou auberges que dans les maisons privées.

« Sens, le 19 décembre 1870.

« *Le commandant de place,*
« Baron PRINTZ DE BOUCHAU. »

20 DÉCEMBRE

Arrivée de 1 060 hommes venant de Villeneuve-l'Archevêque; presque tous sont des blessés guéris qui sont renvoyés à l'armée.

On apprend, à 11 heures et demie, par dépêche, la levée en masse de tous les hommes de 20 à 40 ans. Il paraît décidément que notre armée de la Loire continue à se replier. Quant à Ducrot, il doit être rentré dans Paris : on n'en dit plus rien.

Réquisition de 12 balais et de 144 essuie-mains.

21 DÉCEMBRE

Auxerre a été bombardé hier et envahi : une dépêche, affichée à la porte de la commandanture, nous l'apprend. Quelques gardes nationaux avaient, paraît-il, tiré sur les Prussiens. « Bien tiré pour des gardes nationaux, dit le commandant Printz, en annonçant la nouvelle à un notable de Sens, ils nous ont tué un cheval et un chien. »

Peu de jours après, nous avons pu recueillir à Auxerre les renseignements suivants sur la prise de cette ville :

Depuis que les Prussiens avaient été signalés comme se dirigeant de ce côté, toutes les troupes régulières, mobiles et mobilisés, s'étaient repliées jusqu'à Nevers. Il ne restait à Auxerre que la garde nationale, que le colonel Bordenave avait, il est vrai, fort bien organisée, mais qui était incapable de lutter contre des forces un peu importantes.

Le 19, dans la matinée, quatorze éclaireurs prussiens s'avancèrent à quelques centaines de mètres du pont d'Auxerre. Malgré les instructions qui avaient été données pour cerner et prendre les uhlans qui auraient la témérité de s'aventurer isolément à l'entrée de la ville, des coups de fusil furent tirés à une distance de 500 mètres environ sur ces éclaireurs, dont aucun ne fut atteint et qui s'enfuirent au galop. D'autres coups de feu furent échangés sur la hauteur qui domine le hameau de Jonches. Cependant plusieurs compagnies de la garde nationale prenaient position dans cette direction pour protéger les abords de la ville. La journée se passa sans autre incident. Des communications transmises à la Commission municipale accusaient un mouvement de troupes prussiennes de plus en plus considérable ; l'ennemi était signalé à la fois à Villeneuve-Saint-Salve, sur la route d'Auxerre à Saint-Florentin, sur celle de Chablis à Auxerre, à Vermenton et dans le voisinage de Saint-Bris. La municipalité décida alors que la ville ne se défendrait point et prit les mesures nécessaires pour sauver les armes et les munitions.

Dans la matinée, plusieurs cavaliers vinrent à l'entrée du faubourg Saint-Gervais et demandèrent à quelques passants d'aller chercher le maire. Celui-ci aurait cru compromettre l'honneur de la ville en se rendant à cette injonction de quelques soldats qui ne paraissaient point avoir de chef, et il resta à la mairie. Les Prussiens qui attribuaient sans doute à une autre cause le refus de se rendre auprès d'eux, et contre lesquels plusieurs coups de fusils avaient été tirés de fort loin, établirent une batterie sur la hauteur au pied de laquelle s'élève la gare du chemin de fer, et, sans aucune sommation préalable, le bombardement commença. La municipalité fit arborer plusieurs drapeaux parlementaires sur les édifices publics, mais les Prussiens ne les virent point sans doute, car ils continuèrent à lancer des projectiles ; 75 obus furent ainsi envoyés sur la ville, notamment sur l'asile départemental, l'hospice, la préfecture et la cathédrale ; des toitures et des murs furent endommagés, mais personne ne fut atteint. Le bombardement ne cessa que quand un parlementaire, porteur d'un mot du président de la Commission municipale, déclarant que la ville ne se défendait pas, fut arrivé à cheval au milieu des Prussiens.

Ceux-ci exigèrent que le préfet, le maire et le commandant de la garde nationale se rendissent auprès d'eux : l'entrevue eut lieu à la gare du chemin de fer. L'aide de camp du général se plaignit vivement des coups de fusils qui avaient été tirés sur les uhlans, et il annonça que la ville aurait à supporter les conséquences de cette agression, et qu'elle serait soumise aux fortes réquisitions imposées aux villes ouvertes qui tentaient de résister aux armées allemandes.

Les gardes nationaux durent reporter leurs fusils à la mairie ; ces armes furent cassées par les Prussiens et jetées dans l'Yonne.

Les réquisitions que dut fournir la ville furent réglées ainsi qu'il suit :

Vivres nécessaires pour 10 000 hommes et 2 800 chevaux, à fournir chaque jour, savoir :

10 000 livres de viande, 20 000 livres de pain, 6 000 livres de légumes, 500 livres de sel, 800 livres de café, 10 000 litres de vin, bougies selon le besoin, 315 quintaux d'avoine, 84 quintaux de foin, 150 quintaux de paille, 15 stères de bois de chauffage. Le lendemain, ces exigences s'accrurent et il fut demandé :

75 000 kilos d'avoine, livrables le 22 à midi ;

25 000 kilos d'avoine, livrables le 23.

35 000 kilos toujours en magasin jusqu'à la fin de l'occupation.

Sous peine, par chaque infraction, de 50 000 fr. d'amende.

La note des dîners du général, payée par la ville, s'élève à 4 000 francs.

Le préfet, menacé d'abord d'être envoyé en Allemagne, fut averti ensuite qu'il devait quitter le département et reçut un sauf-conduit pour Clamecy.

Nous avons rapporté tous ces détails, parce que les bruits les plus mensongers ont couru en ce temps-là sur l'occupation d'Auxerre, et aussi pour que le lecteur pût comparer et se convaincre une fois de plus de la prudence avec laquelle la ville de Sens avait agi plusieurs semaines auparavant.

L'occupation d'Auxerre va sans doute nous priver des nouvelles françaises ou en retarder beaucoup l'envoi. Nous n'aurons plus que des dépêches prussiennes, communiquées à l'hôtel de *Paris* par les officiers du télégraphe qui y logent : il faut reconnaître, du reste, et non sans un profond sentiment de tristesse, que ces dépêches, auxquelles nous avons toujours peine à ajouter foi, nous renseignent beaucoup mieux sur l'état de nos affaires que les dépêches françaises que nous acceptons de confiance.

A 2 heures, arrive un convoi de munitions qui va parquer au Clos-le-Roi. Les quatre-vingts fourgons qui le composent sont conduits par des paysans français réquisitionnés, et, ce qui est le comble de la déloyauté et de l'indignité, la première et la dernière voiture portent un drapeau tricolore.

Ordre du commandant de payer les appointements réclamés par le cuisinier de la caserne ; réquisition de douze balais.

22 Décembre

Arrivée de 400 hommes, la plupart blessés à Metz et guéris.

Le convoi de munitions qui était parti ce matin revient dans la journée ; il s'était trompé de chemin et était allé à Villeneuve-le-Roi, croyant aller à Villeroy.

Le journal le *Siècle,* qui a pu arriver aujourd'hui, annonce que Paris serait débloqué et Versailles cerné par les généraux Ducrot et Vinoy. Nous n'osons croire une si bonne nouvelle.

Arrivée de 25 hussards chargés de faire des patrouilles à cheval dans les environs.

Le commandant envoie la note suivante :

« La mairie est invitée à rétablir, au plus tôt, la section de la ligne du chemin de fer entre Sens et Montereau.

« Comme il est de l'intérêt de la ville de voir la circulation rétablie et de procurer du pain aux ouvriers inoccupés, on requiert vingt-quatre ouvriers, autant que possible des gens qui aient travaillé au chemin de fer, afin de le mettre de suite à la disposition des employés. Ces gens se trouveront aujourd'hui, à midi, au poste du pont de l'Yonne ; ils auront à apporter avec eux les instruments de travail, telles que *pelles, pioches,* etc.

« Baron DE PRINTZ. »

La mairie répond que ces travaux regardent la compagnie du chemin de fer. Le commandant envoie alors un officier qui déclare que, si les ouvriers demandés ne sont pas fournis, vingt-quatre personnes seront arrêtées dans les rues par les soldats et forcées d'aller travailler. « Et vous, monsieur, ajoute-t-il à l'interprète qui réclame contre une pareille mesure, vous serez pris tout le premier. »

Cette fois encore il faut céder.

Dans la soirée, M. Billebault apprend officieusement à l'interprète français qu'il est noté, sur les registres du commandant, comme un homme sé-

vère et comme républicain ; c'est sans doute parce
qu'il ose s'élever contre certaines prétentions injustes des Prussiens et qu'il s'appuie toujours sur
les grands principes du droit, de la justice et de
l'humanité.

23 Décembre

La garnison a été sur pied toute la nuit, et des
patrouilles ont sillonné la campagne. Les Prussiens
étaient prévenus qu'il y avait des francs-tireurs
dans les environs, et, en effet, une compagnie de
francs-tireurs a couché à Fontaine-la-Gaillarde. Ils
prétendent que quelques-uns d'entre eux sont venus
à Sens et que les fourriers sont entrés à la mairie,
ce qui est complètement faux. L'affaire n'a du reste
pas de suites.

Arrivée de 700 hommes ; réquisition de 3 charrettes, 13 chevaux, 9 conducteurs.

Les Prussiens travaillent activement au rétablissement du chemin de fer. La compagnie, après
avoir fait replier son matériel au mois d'octobre
dernier, avait enlevé les rails sur une grande étendue, et caché sous terre les coussinets destinés à les
retenir ; un des ouvriers qui avaient été occupés à ce
travail s'empresse de faire connaître la cachette aux
Prussiens. On dit aux officiers qui sont chargés de
rétablir la voie qu'il y a trop de réparations à faire
et qu'il n'y arriveront jamais : « Nous mettrons le
temps, répondent-ils, et nous réussirons ; les Allemands vont lentement, mais toujours à coup sûr ;
notre chemin de fer marchera, et vous nous paierez
pour vous en servir. »

24 Décembre

Les troupes arrivées hier vont rester trois jours pour célébrer la fête de Noël. On prépare, chez le commandant, une grande soirée théâtrale, musicale et même dansante, dit-on. Le bruit court même que plusieurs personnes de la ville s'y sont laissé inviter; nous aimons à n'en rien croire. S'il ne vient plus de nouvelles de l'extérieur, on continue à en fabriquer en ville et la calomnie va bon train.

Arrivée de 800 hommes, cavalerie et infanterie, qui font aussi séjour. On voit avec plaisir, parmi eux, des Polonais, ces anciens alliés de la France, aux compatriotes desquels elle a toujours accordé une hospitalité si généreuse. Ils paraissent, du reste, aimer les Français et déclarent que c'est malgré eux qu'ils nous font la guerre. Beaucoup sont mariés et parlent, les larmes aux yeux, de leurs familles dont ils sont si éloignés. On leur fait partout bon accueil, mais on s'aperçoit, dès le soir même, à leur démarche chancelante, de la vérité d'un proverbe connu.

Il n'y a pas de messe de minuit.

25 Décembre

C'est fête pour les Prussiens, qui ont fait mettre des arbres de Noël à la commandanture, à leur caserne du lycée, dans les hôtels ; mais c'est fête pour l'ennemi seul, et, pour nous, la journée se passe bien tristement.

26 Décembre

Réquisition d'un cercueil.

Arrivée de deux soldats bretons, évadés de Sedan. L'un, qui a eu le bras fracassé, est envoyé à l'hospice, où M. Devoir le soigne comme un parent ; l'autre reçoit un bon logement en ville, chez M. le commandant Noël.

M. XYZ, qui a eu des Prussiens à loger, par patriotisme peut-être, ne leur a pas accordé ce qui leur semble le nécessaire : il a maille à partir avec eux. Ils se plaignent à leur l'officier, Polonais rempli de morgue et de brutalité vis-à-vis des Français, qui, croyant leurs réclamations fondées, envoie dix-huit soldats loger dans la maison. Comme M. XYZ ne court aucun danger, les voisins, peu charitables, rient beaucoup.

27 Décembre

Pendant la nuit, les soldats logés à la caserne du lycée ont brisé les portes qui les séparaient du bâtiment réservé aux élèves ; les sœurs de l'infirmerie ont couru les plus grands dangers. Des matelas, des couvertures, du linge, des draps ont été volés. C'est à grand'peine que M. Milne, répétiteur au lycée, a pu, en attendant l'arrivée de l'interprète, faire entendre raison aux pillards.

Le maire, prévenu aussitôt, écrit au commandant pour se plaindre vivement de cette violation de domicile, et il reçoit la réponse suivante :

« Monsieur,

« En réponse à votre honorée lettre du 27 décembre, je vous préviens que les militaires coupables seront punis pour avoir brisé les portes au lycée. Quant à ce qu'ils ont pris, les matelas et les couvertures, la mairie en est cause elle-même, vu qu'il manque aux militaires des matelas et des couvertures.

« Sens, le 27 décembre 1870.

« *Le commandant de place,*

« Baron de Printz. »

Dans l'après-midi, arrive une ambulance française qui s'était formée à Lyon et qui, à l'armée de la Loire, s'est trouvée enveloppée par les Prussiens. L'ennemi, méfiant, ne lui a pas permis de traverser ses lignes avancées ; il lui faut prendre la route des étapes militaires pour se rendre par Strasbourg et Bâle sur les derrières de l'armée française. Tout le personnel de cette ambulance reçoit ici l'hospitalité la plus empressée ; la plupart des médecins sont logés chez des conseillers municipaux, et l'aumônier chez Mme de Champgobert.

Le 20 décembre, l'autorité prussienne avait communiqué à la mairie la note suivante :

« Avis est donné à la mairie d'un écrit émané du général feld-maréchal prince Frédéric-Charles, commandant en chef de la deuxième armée, en vertu duquel ordre est donné de prélever la contribution imposée à la ville de Sens.

« Copie de cet écrit est ci-jointe.

« *Le commandant de l'étape royale,*

« Baron de Printz. »

Voici cette pièce importante :

« Quartier général de Sèvres,
« 15 novembre 1870.

« A été remis, à l'étape générale royale, inspection de la deuxième armée, l'ordre émané de Son Altesse royale le général feld-maréchal, sous la date du 23 novembre, par lequel la ville de Sens, à cause des faits qui s'y sont passés, est soumise à une contribution de 15 francs par tête, dont la perception sera assurée. Les 3578 th. 12 sbg., déjà payés, seront, en cette circonstance, comptés en décharge.

« En même temps, l'inspection générale fera en sorte pour que les notes voulues soient remises au juge compétent et que le compte de la somme entière soit livré.

« HERTSBERG, *colonel.*

« Quartier général. »

Après avoir lu cette pièce au conseil municipal, le maire avait demandé aux conseillers de vouloir bien émettre leur avis sur la ligne de conduite qui leur semblerait le plus propre de suivre dans une aussi grave question; il avait ajouté qu'en ce qui le concernait, et, sans vouloir exercer de pression sur l'assemblée, il serait d'avis que l'on attendît une nouvelle sommation de la commandanture avant de commencer des démarches pour faire diminuer ou même pour ne point payer cette forte contribution.

Le conseil tout entier s'est rangé à l'avis du maire.

A la séance d'aujourd'hui, M. Robert communique au conseil une nouvelle lettre du commandant qui, n'ayant reçu aucune réponse, redemande à la mairie la contribution dont nous venons de parler.

M. Billebault prend la parole ; il a eu, dit-il, une entrevue avec le commandant, qu'il a trouvé plein de bienveillance ; il lui a dépeint l'épuisement de la ville par suite de l'occupation et dit qu'elle serait dans l'impossibilité de trouver la somme demandée. Le commandant lui a répondu qu'il connaissait la position gênée de la commune et qu'il ferait tous ses efforts pour obtenir la remise de la contribution ; mais que vu l'insistance de l'inspection générale de l'étape, il ne promettait pas de réussir. M. Billebault ajoute qu'il est d'avis que le conseil envoie une députation au roi Guillaume.

M. Déligand pense qu'il faut plutôt envoyer la députation au prince Frédéric-Charles qu'au roi, puisque c'est le prince qui exige la contribution ; si on échoue auprès de lui, on aura la ressource de demander une audience au roi ; par ce moyen, on gagnera un temps très précieux.

Le conseil décide de nommer une commission qui sera chargée de demander au commandant un délai qui lui permette de se rendre en députation, soit auprès du prince Frédéric-Charles, soit auprès du roi. MM. Robert, Billebault, Déligand et Lamy sont nommés membres de cette commission.

28 Décembre

Réquisition de 144 essuie-mains pour les soldats

de la caserne. Les Polonais qui sont logés se plaignent du peu de confortable qu'ils y trouvent ; ils sont pères de famille, disent-ils, et dans l'intérêt de leurs enfants demandent tous les soins nécessaires à la conservation de leur santé.

Il paraît que les travaux du chemin de fer avancent rapidement ; l'ennemi est pressé de se servir de notre ligne. Un personnel prussien tient à s'installer, le plus tôt possible, à la gare ; c'est une nouvelle source de réquisitions. En voici déjà une que nous reproduisons textuellement :

« La mairie est priée d'envoyer, à la gare du chemin de fer, à 11 heures, les ouvriers suivants :

« Des vitriers, tapissiers, menuisiers, serruriers.

« Dix hommes, avec des balais, pour mettre la gare en bon état. Un agent de police conduira ces hommes à la gare.

« Toutes les dépenses faites par la ville pour le chemin de fer seront pour le compte de la société du chemin de fer et seront remboursées à la ville.

« Sens, 28 décembre 1870.

« *Le commandant de place,*
« Baron DE PRINTZ. »

On dit que les Français approchent, mais ce n'est plus par le Nord, c'est par le Midi. On raconte que l'armée de Lyon, flanquée de celle de Bourbaki, a battu les Prussiens à Nuits-sous-Beaune. Ces nouvelles sont commentées dans les rues par des groupes assez nombreux. Le commandant, inquiet, a déjà fait arrêter deux personnes et transmet à la mairie la note suivante, dont nous donnons la traduction littérale :

« Avis est donné à la mairie et au bureau de police de l'arrestation de deux personnes. A cette occasion, on a attribué, comme à l'ordinaire, tout le tort aux soldats. On renouvelle ici l'ordre par lequel tout attroupement est défendu, et partout il y a des gens qui stationnent continuellement dans les rues. Si la police est trop faible pour remédier à ces inconvénients, ou si les *couches inférieures* de la population ne veulent obéir, il me faudra exécuter mes ordres avec rigueur.

« Toute personne arrêtée sera, à partir d'aujourd'hui, punie par une application de *vingt-cinq coups de bâton,* et, si les attroupements persistent, on chargerait à la bayonnette. Une des personnes arrêtées, nommée D..., a avoué avoir souvent ri au sujet des soldats. Elle sera persuadée, maintenant, que la landwehr prussienne royale mérite autant de respect que la troupe de ligne et qu'il ne faut pas plaisanter à son sujet.

« Sens, 28 décembre 1870.

« Baron DE PRINTZ. »

On craignait que le pauvre D... ne fut condamné à mort; sa femme alla, le lendemain, trouver M. Billebault, et celui-ci eut l'habileté d'exciter la pitié du commandant qui fit relâcher le prisonnier. Toutefois ce dernier avait été tellement maltraité par les Prussiens durant la nuit que, malgré sa vigoureuse constitution, il lui fallut plusieurs jours pour se remettre.

D'après les ordres du commandant, le maire rappelle, par l'affiche suivante, toutefois bien miti-
gée, que les attroupements sont sévèrement défendus.

MAIRIE DE SENS

AVIS

« Le maire de la ville de Sens,

« Prévient de nouveau les habitants que, par
ordre de la commandanture, toute réunion et tout
attroupement sur la voie publique sont expressément défendus, et que quiconque n'obéirait pas à
cet ordre s'exposerait aux peines les plus sévères
de la part de M. le commandant.

« Le maire invite instamment ses concitoyens à
éviter tout prétexte de désordre, et à ne pas susciter
de graves périls qui retomberaient sur toute la
population.

« Sens, 28 décembre 1870,

« Pour le maire,

« *L'adjoint faisant fonctions,*

« Robert. »

Dans la soirée, on voit entrer par le faubourg
Saint-Pregts une charrette escortée par vingt-cinq
Prussiens; à côté du conducteur est assis un mon-
sieur très bien mis et l'on reconnaît avec étonne-
ment le sous-préfet de Sens. Fait prisonnier à
Auxerre, il a été amené ce matin à Villeneuve-sur-
Yonne, et là il a dû monter sur une charrette pour
achever la route. Le lendemain, il est envoyé en
Allemagne.

A la nuit, arrive un convoi de 117 charretiers;

les uns sont logés dans la salle Lefort (1), les autres passent la nuit auprès de leurs chevaux..

29 Décembre

Départ de l'ambulance de Lyon qui se dirige sur Troyes. Des voitures lui avaient été promises, mais elles manquent au moment du départ ; une partie du personnel est obligé de faire le trajet à pied. M. D..., qui a pité des pauvres médecins, met une voiture à leur disposition et les conduit jusqu'à Villeneuve-l'Archevêque.

Arrivée d'une colonne d'artillerie avec 176 chevaux et 76 charretiers.

L'installation du personnel de la gare continue. On reçoit cette seconde réquisition :

« La mairie est requise de fournir, pour l'administration des chemins de fer :

10 lits complets, consistant en paillasses, matelas, traversins, oreillers, draps, couvertures de laine ;

6 pots de chambre ; 6 cuvettes à laver ; 2 douzaines d'essuie-mains ; 6 miroirs à toilettes ; 8 tables à serrure ; 12 chaises ; 2 fauteuils ; 9 balais ; 1 siège à bois (lisez un chevalet) ; 1 hache ; les ustensiles de chauffage pour six cheminées ; 12 lanternes pour le perron ; 6 lanternes à la main ; 6 cruches à eau ; 6 verres à eau. *Aussitôt que possible.*

« Sens, 29 décembre 1870.

« *La commandanture,*

« Cramer, *lieut. adj.* »

(1) La vaste salle de bal Lefort a disparu depuis l'année 1870 : elle se trouvait derrière les maisons, à l'angle de la Grande-Rue et de la rue Beaurepaire, avec une entrée sur chacune de ces rues.

Aujourd'hui, la commission nommée le 28 décembre va trouver le commandant prussien qui la reçoit, assisté de son aide-de-camp et de son interprète. M. Déligand prend la parole au nom de ses collègues. Il fait valoir que la ville de Sens est imposée injustement pour un acte dont elle ne peut être responsable ; l'administration municipale est intervenue énergiquement lors des événements du 14 décembre, et, avec le concours de plusieurs citoyens, elle a pu arrêter toute effusion de sang ; les prisonniers ont eu la vie sauve et ont reçu, de leur propre aveu, tous les soins nécessaires. La somme de 13 419 fr. 40 payée par la ville de Sens pour la valeur réclamée de divers objets disparus et dont cependant elle n'avait pas à rendre compte, a déjà été une assez lourde charge pour la caisse municipale. Le conseil a dû considérer que ce paiement était pour solde de toute réclamation ultérieure ; dans tous les cas, les ressources de la ville s'épuisent chaque jour, et il est impossible, soit à la commune, soit aux habitants individuellement, de satisfaire à une nouvelle imposition. M. le commandant a pu, du reste, se convaincre des efforts de l'administration municipale pour satisfaire aux dures exigences de l'occupation allemande. Dans ces circonstances, le conseil a l'intention d'adresser une protestation soit au prince Frédéric-Charles, qui aurait promis, dit-on, de ne réclamer à la ville de Sens aucune contribution, soit au roi de Prusse en personne. En même temps la commission prie le commandant prussien de vouloir bien, en certifiant les faits, appuyer les justes réclamations de la ville de Sens.

Le commandant répond qu'il connaît la situation de la ville ; il rend justice à tous les efforts de l'autorité municipale, mais il n'a aucun pouvoir pour décharger la ville de cette réquisition ; toutefois, il engage le conseil à ne pas adresser ses réclamations au prince, mais au roi, ajoutant qu'il appuiera lui-même cette demande.

M. Déligand, reprenant la parole, déclare au commandant que la commission va faire connaître au conseil municipal le résultat de l'entrevue, qu'il en délibérera et fera connaître la décision à M. le commandant.

De retour au conseil, M. Déligand propose d'ajourner toute délibération jusqu'au moment où le commandant insistera de nouveau : il croit que dans de pareilles circonstances il faut surtout gagner du temps et continuer à se défendre avec fermeté contre les prétentions de l'ennemi.

Cette proposition est approuvée par le conseil municipal.

30 Décembre

Un certain nombre de Polonais, qui depuis plusieurs jours sont logés en ville, se trouvent bien chez l'habitant et refusent d'aller à la caserne qu'ils doivent occuper. Ils vont à la mairie chercher du pain et de la viande ; ils en rapportent même pour les personnes aisées, qui sont fort étonnées d'une pareille attention.

Ceux qui sont à la caserne continuent à se plaindre; ils menacent d'enfoncer les portes des greniers où ils croient apercevoir des matelas. Le commandant en est aussitôt prévenu par M. Aubry, conseiller municipal, et par l'interprète. Ces messieurs se rendent au lycée pour apposer sur les portes menacées une affiche manuscrite en allemand. Les Polonais, surexcités, s'y opposent. Rapport en est fait au commandant qui fait venir l'officier de la caserne et lui ordonne de faire arrêter immédiatement les plus récalcitrants.

Les habitants de Villeneuve-sur-Yonne, qui doivent toujours 20 000 francs sur les 40 000 qui leur ont été imposés, viennent à Sens demander un sauf-conduit pour se rendre auprès du roi. Le commandant déclare que toute démarche à Versailles serait inutile; il se fait payer 3 000 francs et accorde un nouveau délai.

31 Décembre

Le tambour de ville rappelle de nouveau aux habitants que les attroupements sont expressément défendus; les contrevenants s'exposeraient aux peines les plus sévères de la part du commandant.

Passage d'un convoi prussien composé de 91 hommes, 146 chevaux; il est escorté d'un très petit nombre de soldats et l'on se demande comment les franc-tireurs n'ont pas songé à l'attaquer.

Arrivée d'une ambulance française composée de 45 hommes, qui se rend, comme la première, d'Orléans à l'armée de la Loire, en passant par Troyes, Strasbourg, Bâle et Lyon.

Les travaux du chemin de fer sont achevés; la

mairie, sur la réquisition du commandant, paie les ouvriers.

Le cuisinier de la caserne, après un demi-mois écoulé, ose demander la totalité des appointements d'un mois, moins 4 francs, et le commandant approuve.

Les préoccupations incessantes et la présence de l'ennemi assis à nos foyers, nous font oublier que l'année 1870, si désastreuse pour la France, se termine aujourd'hui. Privés de toutes nouvelles françaises, renseignés seulement par les Prussiens, qui nous assurent que leurs obus tombent jusque dans Paris; que notre armée de la Loire continue à se replier; que des forces considérables marchent contre Bourbaki, nous n'osons saluer la nouvelle année avec l'espoir d'une délivrance prochaine.

1er JANVIER

La journée se passe tristement; toujours point de nouvelles. L'ennemi a fait ses réquisitions ordinaires deux jours à l'avance, sans doute pour pouvoir fêter tranquillement le nouvel an. Une seule réquisition extraordinaire nous arrive. Le commandant fait demander pour la caserne :

Trois grandes marmites pour cuire, deux trépieds, trois grandes poches, une balance de deux kilogrammes avec poids, deux seaux, deux grands couteaux de boucher, deux baquets en bois, des essuie-mains.

Vers le soir, arrivée de 72 voituriers, pour lesquels on demande de la soupe.

2 Janvier

Les Prussiens qui occupaient Auxerre en sont partis précipitamment le 30 décembre. Un préfet prussien venait d'être nommé ; il avait fait imprimer sa proclamation, mais il n'a pas eu le temps de la faire afficher. Les Auxerrois en sont ravis et se croient délivrés à tout jamais. On dit que 4 000 francs-tireurs ont remplacé les Prussiens et qu'ils se dirigent de notre côté.

Le commandant adresse à la mairie la réquisition suivante pour les cordonniers et tailleurs prussiens :

Une livre de fil noir, une livre de fil vert, une douzaine de boutons blancs, un paquet d'aiguilles, 5 livres de pointes pour semelles, 3 livres de pointes à talons, 2 livres de pointes à vis, une livre de poix, du cuir à empeigne pour dix paires de souliers.

Le commandant envoie encore cette note :

« Un officier prussien est chargé d'acheter pour l'armée allemande : de la farine, du froment, du foin, du bétail, du drap, du cuir ou des bottes, du pain. Tous les marchands de ces articles sont invités de délivrer ces marchandises à Malesherbes, où ils seront payés. La mairie est priée de publier cela et d'indiquer aux marchands qu'ils peuvent venir chercher les laissez-passer à la commandanture, le matin, de 10 à 11 heures.

« Sens, le 2 janvier 1871.

« Le commandant de place,

« Baron Printz de Bouchau. »

C'est jour de marché. Les habitants de la campagne sont en grand nombre et la curiosité les attire du côté du poste prussien. Vers midi, des soldats veulent atteler un cheval à une voiture que des charretiers de la Champagne ont abandonnée pendant la nuit pour retourner dans leur pays. On se rassemble autour d'eux et, comme ils avaient affaire à un cheval vicieux, des plaisanteries se croisent en tous sens, au grand mécontentement des soldats. La foule allait toujours en grossissant, le cercle se rétrécissait; on se heurtait, et l'on entendit même quelques cris de : « A bas les Prussiens ! » Le poste de la place sortit et voulut intervenir. Le sieur X... tenta de s'emparer d'un fusil; il fut aussitôt appréhendé au corps et mené au poste à coups de crosses. Comme cette arrestation n'avait fait qu'irriter les paysans et, que montés sur les sacs de blé, ils continuaient à crier, les soldats reçurent du chef de poste l'ordre de tirer en l'air. Quelques instants après, un détachement de Polonais, d'environ 100 hommes, arriva de la caserne du lycée au pas de course, et de la rue Royale, à l'extrémité de la place, fit une nouvelle décharge; malheureusement, et malgré les recommandations du commandant, quelques-uns de ces Polonais n'avaient point tiré en l'air. M. Grenet, ancien maire de Véron, fut visé par l'un d'eux presque à bout portant; il eut la main gauche fracassée et reçut à l'aîne une blessure dont il mourut dix jours après; le brigadier des sergents de ville, Brun, qui à ce moment essayait en vain de faire retirer la foule, fut frappé de deux balles, dont l'une l'atteignit au bras gauche et l'autre au côté. Ces malheureux furent aussitôt pansés par un médecin prussien, M. Grenet à l'hôtel de *l'Ecu*, M. Brun chez M. Cauzard, marchand de vin, et tous deux reçurent les soins les plus empressés. Sept autres personnes furent encore atteintes plus ou moins légèrement ; parmi celles-ci, le sieur Grillot, de Pont-sur-Yonne, fut blessé au pied par une balle; une femme de Passy eut le cou écorché; le sieur Collin, boucher à Vareilles, reçut un coup de bayonnette à l'épaule. Peu après l'explosion des coups de feu, le colonel et un capitaine de la garde nationale se présentèrent à la mairie disant qu'on venait de tirer sur le peuple et demandèrent à parler immédiatement au maire. Presque aussitôt arrivèrent les membres du conseil municipal, et derrière eux une partie du détachement qui venait de tirer sur la place. Ce piquet, composé d'environ 40 hommes, resta dans la cour de la mairie l'arme au pied, pendant que l'officier brandissait héroïquement son sabre à la porte en interpellant vivement les deux sentinelles qui défendaient le passage aux deux extrémités de la rue à toute personne non munie de la carte du service municipal.

A la suite de ce détachement était arrivé le lieutenant-adjudant Cramer, accompagné de l'interprète du commandant. Ils entrèrent dans les bureaux et demandèrent d'un ton sévère l'adresse d'un Polonais, capitaine de la garde nationale, et celle du colonel. Un homme, poussé par la peur ou par la cupidité, était allé dire au commandant prussien que ces messieurs excitaient le peuple sur la place et le commandant avait donné l'ordre de les arrêter. En descendant, l'officier et l'interprète aperçurent le conseil municipal réuni dans la salle des mariages; ils entrèrent. Le colonel et le capitaine qu'ils cherchaient se trouvaient dans la salle. Ce dernier voulut s'échapper et sauta par la fenêtre qui donne sur le jardin; mais il fut aussitôt mis en joue par un des soldats qui escortaient l'officier prussien.

M. Lavoué, conseiller municipal, releva le canon du fusil en disant au soldat : « L'homme que vous visez est un honnête homme et je me charge de le faire revenir. » Le capitaine rentra en effet dans la salle et fut emmené avec le colonel à la commandanture. Là ces deux messieurs répétèrent pour leur justification ce que le conseil municipal avait déjà déclaré, qu'ils étaient accourus à la mairie pour aider le conseil à rétablir l'ordre et à calmer le peuple exaspéré. Cette déclaration faite, ils purent se retirer, mais seulement comme prisonniers sur parole.

Une partie des soldats resta sur la place; par ordre du commandant, ils s'emparèrent des grains qui s'y trouvaient et le lendemain l'ordre de confiscation suivant était affiché sur les murs de la ville :

« M. le commandant de place de l'armée allemande prévient le public que, pour punir la campagne des troubles qu'elle a occasionnés dans la ville, il confisque tous les grains, pailles et fourrages qui se trouvaient sur les places et marchés de la ville de Sens.

« Sens, le 2 janvier 1871.

« *Le commandant de place,*

« Baron DE PRINTZ. »

Les campagnards lésés adressèrent leurs réclamations à la mairie; on les renvoya au commandant qui fut inflexible.

Jusqu'au lendemain matin, la mairie fut occupée militairement par un poste prussien.

Le sang a coulé aujourd'hui, et l'on s'attriste en pensant qu'il a été versé par les compatriotes dégénérés de ceux à qui la France a toujours accordé une hospitalité si généreuse. L'abrutissement, l'ivrognerie et la férocité sont les caractères distinctifs de ces barbares que les chefs prussiens appellent de mauvaises têtes, mais de bons soldats.

3 JANVIER

Le tambour de ville annonce que le commandant de place invite les marchands à conduire à Malesherbes de la farine, du froment, du foin, du bétail, du drap, du cuir ou des bottes et du pain.

Personne ne se présente.

Les Prussiens s'étonnent de la résistance de Paris qui ne paraît pas s'effrayer du bombardement; mais ils signalent la lâcheté des paysans du Midi et surtout ceux du Lot-et-Garonne.

Réquisition d'un sellier pour le détachement de cavalerie.

4 Janvier

Arrivée de 600 hommes annoncés depuis avant-hier; ils doivent partir demain avec une partie de la garnison.

Les Prussiens se vantent d'avoir pris trois forts, notamment celui d'Avron qui n'existe pas. Le froid intense continue à sévir et doit nuire beaucoup à nos troupes.

Six voituriers remplaçant des charretiers français évadés partent pour Chéroy; la mairie doit leur donner 4 francs par jour.

La mairie fait afficher l'arrêté suivant :

« Le maire de la ville de Sens,

« Vu les circonstances exceptionnelles dans lesquelles on se trouve ;

« Arrête :

« Article 1er. — Les marchés sont provisoirement suspendus.

Art. 2. — Les marchands et producteurs sont pendant le même temps autorisés à présenter leurs produits à domicile.

« Art. 3. — M. le commissaire de police est chargé de l'exécution du présent arrêté.

« A la mairie de Sens, le 4 janvier 1871.

« Pour le maire,

« *L'adjoint faisant fonctions,*

« Robert. »

5 Janvier

Jusqu'ici les soldats qui passaient venaient de Troyes et allaient à l'armée de la Loire. Il en vient à présent de Montereau qui se dirigent sur Joigny pour se concentrer à Châtillon et former, sous les ordres de Manteuffel, un corps d'armée qui doit opérer avec Werder et s'opposer à la marche de Bourbaki.

Réquisition de 10 mètres de drap noir et gris à livrer pour 6 heures à la commandanture, et d'un cercueil pour un engagé volontaire mort à l'ambulance Saint-Savinien.

6 Janvier

Arrivée de Prussiens et de charretiers venant de Montereau ; les soldats marchent en chantant. On leur a dit que Paris était pris et qu'ils retournaient en Allemagne.

On demande pour demain 25 voitures.

Réquisition de 2 litres de pétrole pour purifier des habits à l'ambulance ; réquisition pour l'atelier de cordonnerie de : 6 livres de clous de semelles, 6 livres de clous à vis, 7 livres de clous à talon, 1 livre de soies de porc, 30 boucles pour sacs, 15 anneaux de cuivre, une pince en bois, un bois à astiquer.

Du 7 au 12 janvier

Réquisitions de tout genre. Le 7, pour la caserne, 20 pots à boire, 30 lavabos ; pour le chemin de fer, 2 seaux, 1 vitrier ; pour les ambulances, 2 litres de cognac, au lieu d'un qui est demandé d'habitude. Le 8, une bouteille d'encre pour la poste, des produits pharmaceutiques pour les ambulances. Le 9, pour la cordonnerie, 8 livres de cuir à empeignes,

20 livres de cuir pour talons, 20 livres de cuir pour semelles, 2 livres de pointes pour talons, 10000 clous de souliers, 6 balais; un matelas et deux couvertures pour le conducteur Bodensohn qui souffre toujours des suites de sa blessure; un cercueil. Le 10, pour la cordonnerie, une peau de cuir à semelles, du cuir d'empeignes pour 5 paires de souliers, 6 manches pour alènes, 6 aunes de drap gris; 72 francs sont payés aux ouvriers qui ont travaillé au chemin de fer du 4 au 7 janvier. Le 11, 3 flacons de colle forte pour la commandanture.

Ce sont là, bien entendu, des réquisitions extraordinaires; la mairie continue à fournir chaque jour des vivres aux soldats de la caserne et des ambulances, du foin, de la paille, de la bougie, de la chandelle, du bois à brûler, etc., etc.

12 Janvier

Arrivée de 43 officiers, 1123 hommes, 18 chevaux, 1100 moutons.

La mairie reçoit cette nouvelle réquisition extraordinaire :

« Sens, 12 janvier 1871.

« *Chef-lieu de l'étape du IIIe corps d'armée*

« A LA MAIRIE DE SENS

« L'inspection générale royale des étapes de la IIe armée vient d'ordonner la livraison de :

« *3000 paires de bottes à longues tiges.*

« La mairie est requise de répartir ladite réquisition en ville et dans l'arrondissement, de manière à pouvoir livrer à la commandanture, tous les huit jours, 50 paires de bottes.

« Les bottes seront de trois grandeurs différentes et les tiges devront atteindre à la hauteur du demi-mollet.

« La commandanture s'attend à ce que l'on procède immédiatement à la fabrication des premières 50 paires, qui seront à livrer d'aujourd'hui en huit, au bureau de la commandanture. Pour chaque paire de bottes qui manquera, la localité trouvée en défaut paiera 20 francs d'amende.

« Commandanture royale,

« PRINTZ, *major et commandant.* »

Après avoir pris connaissance de cette lettre, le maire se rendit aussitôt auprès du commandant. Il lui déclara que la ville ne pouvait satisfaire à une demande aussi exorbitante, tant à cause du pillage des magasins qui avait eu lieu le 13 novembre, que par suite des nombreuses réquisitions de cuirs faites depuis l'occupation prussienne ; dans son désir d'éviter toute exécution militaire, il proposait de fournir au commandant la preuve du pillage des magasins et de faire avec lui ou avec son délégué la visite de tous les magasins et de toutes les tanneries de la ville. La proposition fut acceptée par le baron Printz, et il put s'assurer par lui-même qu'il n'existait plus en ville que des cuirs propres à la bourrelerie et à la sellerie ; il déclara alors qu'il se contenterait d'une fourniture de cuirs de bourrelerie équivalant en valeur la quantité de 6000 paires de semelles.

13 Janvier

La proposition du commandant est soumise au conseil municipal, et le maire fait valoir le grand avantage qu'elle présente. En effet, la nouvelle dépense s'élèvera tout au plus à 3 000 francs, tandis que la fourniture de trois mille paires de bottes équivaudrait à une dépense qui ne serait pas moindre de 60 à 70 000 francs. Du reste, ajoute-t-il, la ville n'a point d'autre moyen de se soustraire à cette nouvelle contribution, comme le prouve ce qui est arrivé dans les villes et les communes placées dans le ressort des commandantures de Villeneuve-l'Archevêque, Troyes, etc., qui ont été forcées de céder à cette réquisition extraordinaire.

Après une discussion assez longue et assez vive, le conseil, à la majorité, autorise le maire à consentir à cette nouvelle exigence de l'ennemi, en ménageant au mieux les intérêts de la ville, et, sur la demande du maire, il nomme une commission chargée d'estimer la valeur des fournitures de cuirs.

Aujourd'hui, réquisition, pour la commandanture, de cinq cents enveloppes ordinaires, cent enveloppes très grandes, une boîte de plumes métalliques; pour la caserne, de quatre brosses et quatre chandeliers; pour la gare, de vingt-cinq livres de pétrole; pour le commandant de la gare, de deux mains de bon papier, une main de papier-carton bleu, deux douzaines de plumes métalliques, un porte-plume, trois crayons noirs, trois crayons bleus, deux encriers, une bouteille d'encre, deux règles plates, un paquet de cire à cacheter, de la poussière, quatre chandeliers avec leurs chandelles, deux carafes, quatre verres à boire; pour la poste, un casier, une couchette avec matelas et couvertures.

14 Janvier

Le commandant de la gare demande encore aujourd'hui *une toilette à laver avec tous les ustensiles qui y appartiennent; un bon lit.* Il prie aussi qu'on lui désigne près de la gare un restaurant où il sera nourri aux frais de la ville.

Les cordonniers ne chôment pas : ils demandent trente paires de semelles, une livre de chanvre, cinq livres de pointes à semelles, trente alènes, douze manches, six aunes de drap noir, six aunes de toile.

15 Janvier

Les employés du chemin de fer sont logés d'ordinaire aux abords de la gare; M. Croquet-Denizot en a deux à loger aujourd'hui : un chef de station et un surveillant des lignes télégraphiques. Ce dernier, en arrivant chez lui, était porteur d'un fusil français à piston, que plusieurs ont vu chez M. Croquet-Denizot, pendant le séjour de ces employés. Quand, au bout de cinq jours, ils changèrent de logement, le surveillant emporta son fusil; il n'en fallut pas davantage pour que le bruit se répandît, dans le quartier, que M. Denizot avait fait don aux Prussiens de son fusil de garde national ; on alla même jusqu'à dire qu'il avait agi ainsi pour pousser les Prussiens à faire des perquisitions chez tous les Sénonais qui avaient conservé leurs armes. Il fut dénoncé, injurié même, à tel point qu'il lui devenait impossible de sortir de chez lui. La calomnie alla son train, bien que M. Denizot eût prouvé qu'au moment du désarmement, il avait remis son fusil entre les mains de son capitaine. Le hasard le tira d'embarras. Les mêmes Prussiens, à qui il avait, disait-on, remis son fusil, revinrent à Sens, et tous trois allèrent à la mairie trouver l'interprète, et là, en présence du maire et de plusieurs autres conseillers, les soldats déclarèrent qu'ils avaient pris ce fusil à Tonnerre à des francs-tireurs qui l'avaient abandonné, et qu'ils le gardaient parce que, n'étant pas militaires, ils n'avaient pas reçu d'armes à leur départ pour la France et pouvaient en avoir besoin.

La lettre suivante est adressée à la mairie ; nous en respectons le style et l'orthographe :

« Depuis 8 à 10 jours la mairie a été requise par la commandanture de faire réparer les serrures *sur* la gare, à la porte de la chambre du commandant de gare et à la porte de son bureau. Malgré plusieurs demandes à ce sujet, les réparations n'ont pas eu lieu et *quand* jusqu'à demain lundi à 10 heures, les serrures ne se trouvent pas en bon état, la commandanture prendra des mesures très sévères.

« Le lit et la toilette *requises* hier pour le secrétaire n'ont pas encore été fournis ; il faut que la commandanture remarque qu'elle n'est *accoutumé* d'attendre plusieurs jours jusqu'à ce que ces ordres soient *exécutées*. Elle attend *avec sureté* que des réquisitions qui sont si faciles à exécuter à l'avenir seront livrées *pendant 2 heures.*

« Sens, 15 janvier 1871.

« *Le commandant de gare,*

« Von MARSCHAL, *capitaine.* »

Le même capitaine demande la réparation de quatre soupapes de pompes.

Depuis quelques jours, le chemin de fer marche pour le compte des Prussiens : les trains se succèdent avec rapidité. Ceux qui vont du côté de Paris transportent surtout du matériel, des projectiles et des vivres ; ceux qui se dirigent sur Nuits-sous-Ravières emmènent des soldats blessés, des troupes qui vont grossir l'armée du général Manteuffel et des prisonniers faits aux Français dans les affaires du Mans. La gare est devenue le but de promenade des Prussiens logés à la caserne ou en ville et aussi de quelques habitants que la curiosité empêche de rester chez eux.

Aujourd'hui, comme dimanche dernier, on a remarqué à la cathédrale un grand nombre de Polonais qui assistaient aux offices avec beaucoup de dévotion ; ils étaient dans la grande nef au premier rang, leurs livres de prières à la main.

Un de ces derniers jours avait lieu l'enterrement d'un pauvre enfant ; personne ne suivait le convoi. Deux Polonais, songeant sans doute à leur famille, voulurent rendre les derniers devoirs à cet enfant délaissé et accompagnèrent le cercueil jusqu'au cimetière.

16 Janvier

La mairie reçoit la lettre suivante :

« M. le commandant des forces prussiennes à Sens requiert

« M. le maire de la ville de Sens et MM. les maires de toutes les communes qui dépendent de la commandanture de ladite ville :

« De lui procurer et faire apporter tous les cuirs qu'ils ont en leur possession, sauf à la ville de Sens à faire ultérieurement la répartition des frais de la présente fourniture entre toutes les communes réquisitionnées.

« Baron Printz. »

Autre réquisition : pour la poste, dix mains de papier écolier, dix livres de bougies, trois *id.*, fil pour empaqueter, une grande lampe pour table, dix livres de pétrole, dix encriers.

On affiche aujourd'hui l'avis suivant, imprimé depuis plusieurs jours :

AVIS

On vient de me rapporter que quelques habitants de la ville de Sens refusent l'argent allemand. Je porte à la connaissance du public que toute sorte de monnaie ou de billet du trésor allemand a la valeur forcée suivante :

Le frédéric d'or double . . . . 42 fr 50
Le frédéric d'or simple 21   25
Autres pièces d'or 20   60
Ducat 11   85

Le double thaler	7 fr 50
Le double gulden	4 35
Un thaler	3 75
Un gulden d'Autriche	2 50
Un gulden allemand	2 10
Une pièce de 10 silbergr.	1 25
id. 5 *id.*	» 60
id. 2 1/2 *id.*	» 30
Un silbergroschen	» 10
Un demi-silbergroschen	» 5

Ceux qui voudraient changer selon un autre tarif seront punis d'une amende de 20 à 500 francs.

Sens, 11 janvier 1871.

Le commandant de place,

Baron DE PRINTZ.

Malgré cet avis, un assez grand nombre de commerçants continuent à refuser la monnaie allemande, et presque tous ceux qui l'acceptent ne la prennent que pour une valeur inférieure à sa valeur réelle. Par ce moyen, quelques-uns réalisent certains bénéfices.

17 JANVIER

Les Prussiens continuent à brûler des quantités considérables de bois : le commandant se plaint de ne pas en avoir assez.

« La mairie, dit-il, est requise de fournir le bois demandé depuis deux jours. Il faut que la mairie envoye une plus grande portion et qu'elle soit *plus exacte* dans l'exécution des ordres qui lui sont donnés par la commandanture. »

Il envoie encore la note suivante :

« Le chef de cuisine se plaint que la viande fournie aujourd'hui est trop maigre, la mairie est donc requise de fournir une portion de graisse sur-le-champ. »

Demande de vingt-cinq litres d'huile à brûler pour la gare.

18 Janvier

Nouvelle réquisition pour la gare :

« Réparation de pendules et horloges ; nettoyage des salles d'attente ; paille fraîche ; carreaux à remettre. La mairie est requise de faire *sur-le-champ* les réparations susmentionnées.

« DE PRINTZ. »

Il est vrai d'ajouter que si le rétablissement du chemin de fer est pour nous une nouvelle source de réquisitions, il nous épargne aussi le passage et le séjour des troupes.

Le télégraphe prussien qui nous avait appris, il y quelques jours, que notre armée de la Loire était refoulée du côté du Mans, nous dit aujourd'hui que Bourbaki n'a pu réussir à franchir les lignes du général Werder.

Une dernière tentative de Paris nous sauvera-t-elle ?

19 Janvier

La mairie a des fournitures de bureaux à faire non seulement à la commandanture, à la caserne, aux ambulances et à la gare, mais encore aux chefs qui commandent les différents postes de la ville. On demande aujourd'hui pour celui de la place une nouvelle fourniture d'encre et de papier.

La commandanture redemande vingt-cinq livres de bougie.

Malgré les réquisitions de toute nature qui ont déjà été faites ici, les magasins restent toujours approvisionnés, grâce aux facilités que les Prussiens, dans leur intérêt du reste, ont données pour la libre circulation des marchandises.

20 Janvier

« Réquisition de douze verres de lampes pour la gare, de deux essuie-mains.

« *Le chef de station,*

« Nuss.

« La mairie est requise de fournir le ci-dessus demandé.

« De Printz. »

Réquisition pour les tailleurs de six mètres de drap bleu et trois mètres de drap rouge. — Décidément les Prussiens se font habiller chez nous.

Les ambulances demandent douze lavabos en terre. On leur envoie des écuelles.

Les Prussiens affichent qu'une grande bataille a été livrée le 19 sous les murs de Saint-Quentin et ils s'attribuent la victoire.

Ils disent dans la soirée qu'une sortie des Parisiens a été repoussée. Était-ce la dernière ?

21 Janvier

On demande pour la gare :

« 4 chandeliers, 4 règles plates, 100 livres de pétrole, une mouchette, 2 grandes paires de ciseaux à papier, une lampe et deux abat-jour, 25 bottes de paille.

« Un rideau doit être mis *sur-le-champ* à la porte du bureau du commandant de gare.

« DE PRINTZ. »

On redemande des vitriers.

Une nouvelle affiche défend le départ des conscrits ; nous avons peine à croire que le commandant ait été prévenu par un des maires du rayon d'étape ; mais le bruit court que certaines personnes se seraient adressées au baron Printz pour lui demander si les mobiles et les mobilisés qui, pour une cause ou pour une autre, n'avaient point rejoint leurs corps, et recevaient l'ordre de s'y rendre, pouvaient, sans être exposés aux rigueurs de l'autorité prussienne, se rendre à l'appel du gouvernement français. On trouve la réponse dans l'affiche suivante :

« La commandanture est informée, par un maire du rayon d'étape, que toutes les préfectures, sous-préfectures et mairies sont instruites à faire faire des listes de tous les jeunes gens qui ont plus de dix-neuf ans, et de les remettre au gouvernement français.

« Je défends la fabrication de ces listes sous peine d'arrestation de trois notables de la ville, et j'exige que la mairie de Sens fasse imprimer et afficher cette défense.

« Tout jeune homme qui sera attrapé en route

vers une partie de l'armée française sera mis devant un conseil de guerre et fusillé.

« Sens, 21 janvier 1871.

« *Le commandant de place,*

« Baron DE PRINTZ. »

Les mobiles et les mobilisés que la peur détournait de leur devoir n'avaient point songé sans doute au bel exemple donné par les vieux garçons de l'Aube et de Seine-et-Marne qui, alors même que leur pays était envahi, n'avaient pas craint de traverser les lignes prussiennes pour se rendre là où les appelait la défense de la patrie.

22 JANVIER

Les Prussiens se trouvent mal couchés à la gare, et la paille ne leur suffit plus : ils demandent 9 couchettes, 11 draps, 11 oreillers.

Le chemin de fer transporte des convalescents; en attendant qu'on établisse pour eux un buffet à la gare, ce qui ne tardera pas sans doute, le commandant requiert, pour un train qui passe aujourd'hui, 100 livres de pain, 100 livres de viande rôtie, 25 livres de café et 10 livres de chandelle.

La commission nommée le 15 courant pour la fourniture des cuirs informe aujourd'hui le conseil municipal du résultat de ses démarches.

La fourniture s'élève à 53 rouleaux du poids de 1 093 k. 900, représentant une somme de 3 122 fr. 70.

Le reçu des cuirs a été donné par la commandanture, et la livraison en a été faite au chemin de fer, entre les mains d'un officier prussien.

Auxerre est de nouveau occupé par des troupes françaises ; mais elles sont peu nombreuses et ne pourraient sans doute pas résister à une attaque sérieuse.

23 Janvier

Réquisition de 12 sous-gorges en cuir pour les chevaux du détachement de cavalerie.

Réquisition de 2 mètres de drap rouge.

La gare demande : 2 couvertures de laine, 2 matelas, 2 oreillers avec leurs taies, 4 essuie-mains, une cuvette, un pot à eau, 2 verres, des ciseaux à papier.

24 Janvier

Une dépêche affichée à la porte de la commandanture dit que plusieurs régiments ont attaqué Dijon et se sont battus avec beaucoup de bravoure ; mais elle ne dit pas que la ville ait été reprise aux Français ; elle ajoute qu'un bataillon prussien a été attaqué pendant la nuit et que le drapeau n'a pu être retrouvé ; c'est dire qu'il a été pris par les Français.

25 Janvier

Il y a quelques jours, un bridon avait été demandé ; la mairie n'avait pas tenu compte de cette réquisition ; la commandanture la lui rappelle en ces termes :

« La mairie est requise de fournir *sur-le-champ le bridon* demandé il y a quelques jours.

« En cas que la mairie continue à ne pas exécuter les ordres de la commandanture aussitôt qu'elle les reçoit, *elle paiera, la prochaine fois, une amende.*

« Sens, 25 janvier 1871.

« *La commandanture,*

« Cramer, *lieut. adj* »

Cette note est suivie de près par une autre plus menaçante :

« Quand cela arrive encore une fois qu'on met les réquisitions faites par la commandanture de côté sans y faire attention, la commandanture se verra forcé d'employé les mesures les plus sévères contre les *employers* de la mairie.

« Cramer. »

Nous continuons à contribuer à l'équipement de l'armée prussienne : on demande 92 paires de vis, d'après un modèle donné, pour attacher des jugulaires de shakos.

Il y a un poste à la caserne de gendarmerie pour la garde des voitures et chevaux réquisitionnés et pour la surveillance des soldats prussiens qui y sont au cachot.

Une réquisition faite depuis quatre jours est renouvelée aujourd'hui avec menaces ; nous la transcrivons textuellement :

« Si les demandes de réquisitions faites déjà depuis quatre jours pour la caserne de gendarmerie ne sont pas faites immédiatement, j'ai ordre, de la part du commandant, *pour que 15 hommes d'infanterie les fassent exécuter de force.*

« Une bonne couverture pour le bureau ; 6 cruches ; un encrier avec plumes et encre ; 4 lits de camp ; une glace pour le bureau ; un homme pour nettoyer les cabinets ; un râteau ; une fourche ; 2 lanternes.

« De Printz. »

On ne parle plus de la contribution de 15 francs par tête qui avait été demandée le 27 décembre ; le conseil municipal, dans l'intention de gagner du temps, continuait à ajourner toute délibération à ce sujet.

26 Janvier

Réquisition d'un cercueil pour un hussard mort à l'ambulance Saint-Savinien.

M. Chaudet, dont nous avons raconté l'arrestation à Villeneuve-sur-Yonne, le 18 novembre, et l'incarcération à Sens, est mis en liberté ; notification est faite à la mairie par ce billet :

« M. Chaudet, qui a été jusqu'à maintenant ici en prison peut être lâché, *comme* la commune de Villeneuve-sur-Yonne est garante qu'il ne s'échappe pas.

« Sens, 26 janvier 1871.

« *La commandanture,*

« Cramer, *lieut. adj.* »

Le bureau de la télégraphie veut se mettre en communication avec la gare du chemin de fer ; c'est à ce sujet qu'est faite la réquisition d'une échelle :

« La mairie est requise de prêter un échelle de 15 pieds de hauteur au bureau du télégraphe, mais *sur-le-champ.*

« Cramer. »

Dans la soirée, les Prussiens paraissent très inquiets ; ils ont fait reprendre leur linge qui était chez les blanchisseuses ; on a vu entrer des caisses vides à la caserne ; les officiers logés en ville ont fait leurs malles. Toute la soirée, de nombreuses patrouilles de cavalerie parcourent les environs. Avant le jour, tous les soldats de la garnison se sont réunis sur la place, avec armes et bagages, et sont prêts à partir. Aurions-nous eu des succès quelque part ? Serions-nous sur le point d'être délivrés ? Le bruit a couru que les troupes d'Auxerre s'étaient mises en marche ; on se serait battu à Laroche et les Prussiens auraient été repoussés.

Notre espoir n'est pas de longue durée, les troupes s'étaient à peine mises en marche pour nous quitter qu'un contre-ordre arrive ; il paraît qu'elles n'ont plus rien à craindre, et les soldats rentrent à la caserne ou dans leurs logements.

27 Janvier

Nous savons la cause de la terreur des Prussiens ; des mobilisés ont fait sauter deux ponts sur la ligne du chemin de fer : celui de Crécy, près de Brienon, et celui de Laroche. La garnison prussienne qui se trouvait à la gare de Laroche a été faite prisonnière.

La voiture de Montereau nous apprend que, dans la nuit, des francs-tireurs ont attaqué aussi, mais sans succès, la gare de Villeneuve-la-Guyard, qui est occupée par un détachement prussien. Parmi les voyageurs qu'elle amène se trouve M. Châlon, inspecteur du chemin de fer, qui est signalé au com-

mandant de place comme un homme très énergique et très dangereux. Des ordres sont donnés
pour le faire arrêter, mais les mesures sont mal
prises. M. Châlon paie d'audace et peut retourner
à Auxerre.

Les Prussiens prétendent que nous avons eu
grand tort de faire sauter les ponts, que toutes les
troupes qui passaient par le chemin de fer passeront par la ville et y logeront, que nous faisons du
mal à nous-mêmes et qu'après la guerre il nous
faudra beaucoup de temps pour réparer ces dégâts.
Tout cela nous prouve qu'ils sont fort mécontents
et très gênés de ne plus se servir de notre ligne
sur toute l'étendue qu'ils avaient auparavant ; les
trains venant de Montereau sont forcés de s'arrêter
à Joigny.

Aujourd'hui, réquisitions variées : 20 mètres de
drap noir, 20 mètres de doublure, 20 paires de semelles, un quintal de son, 360 livres d'avoine,
120 livres de foin, 20 livres de paille, 78 chandelles,
une rame de papier, 2 voitures de bois pour la
commandanture, une pour la caserne, une paire de
béquilles pour les ambulances.

La dépêche suivante est affichée à la porte de la
commandanture :

« L'armée de Bourbaki se retire sur Besançon,
par la rive droite du Doubs. Elle est poursuivie par
des corps de notre armée du sud.

« Les pertes de l'ennemi occasionnées par les
attaques malheureuses contre le général Werder
sont évaluées à 10 000 hommes au moins. La misère

des malades et blessés français abandonnés sans secours ni soin est extrême.

« Les autres corps de notre armée du sud, se trouvant sous les ordres du général Manteuffel, ont coupé les communications sur les derrières de l'armée de Bourbaki, en occupant Saint-Vit, Quingey et Mouchard, points de jonction du chemin de fer.

« Rien de nouveau devant Paris.

« DE PODBIELSKI. »

Il est arrivé aujourd'hui 18 officiers, 252 soldats, 27 voituriers, 161 chevaux.

28 JANVIER

Réquisition de 10 livres de cirage, 20 paires de semelles, 100 serviettes à livrer à la commandanture.

Pendant la journée, nous voyons passer plusieurs trains qui emmènent des troupes du côté de Joigny ; elles sont destinées à former un corps d'armée qui doit marcher sur Auxerre et punir cette ville d'avoir envoyé détruire les ponts de Crécy et de Laroche. Bien qu'on nous dise qu'Auxerre est fortement occupé par une division venue de la Nièvre, nous craignons beaucoup pour le chef-lieu du département.

Vers 4 heures se répand une nouvelle sinistre. On dit que Paris aurait capitulé. Nous n'en voulons rien croire d'abord. Une affiche annonçant ce triste événement a été apposée à la porte de la commandanture ; on la traite de mensongère et on va jusqu'à dire que les Prussiens l'ont imaginée pour nous tenir en respect et assurer leur retraite, qu'ils sont complètement battus de tous les côtés et qu'ils ne songent qu'à retourner en Allemagne, tant on a peine à croire à l'insuccès persistant des armées françaises !

Il faut pourtant penser qu'il y a quelque chose de vrai dans cette dépêche quand on apprend, dans la soirée, que les officiers boivent beaucoup de champagne, que des feuillettes de vin ont été portées à la caserne et que les soldats illuminent.

Si Paris a capitulé, si la nombreuse armée réunie dans ses murs et qui a été, nous disait-on, si bien équipée et si bien armée, n'a pu réussir à franchir les lignes prussiennes, quel espoir pouvons-nous former sur les armées de la province, qui sont à peine instruites, mal équipées, mal armées et trop souvent victimes de l'organisation défectueuse de l'intendance? Nous attendons avec anxiété les nouvelles du lendemain.

29 Janvier

Les Prussiens disent qu'ils sont maîtres de tous les forts autour de Paris et qu'il y a un armistice à la fin duquel ils espèrent que la paix sera conclue. L'armistice, qui est pour toute la France, ne s'étend pas à Belfort et à l'armée de Bourbaki.

Les journaux français, sans nous annoncer la capitulation de Paris, nous la font pressentir.

Réquisition de 4 aunes de drap noir ou gris et de 10 livres de cuir à semelles.

30 Janvier

Le commandant annonce officiellement à la mairie qu'il y a un armistice de vingt-un jours ; quinze jours sont donnés pour nommer une Assemblée constituante qui se réunira à Bordeaux.

En l'absence de toute nouvelle française, la mairie s'empresse d'envoyer une dépêche au préfet du département.

Réquisition de 20 mètres de drap noir, 6 aunes de toile, 6 mètres de flanelle, 20 paires de semelles, une peau de cuir à empeignes, 8 livres de clous à semelles, 8 livres de pointes.

31 Janvier

Nous restons dans la même ignorance. Les réquisitions continuent. Il faut payer 62 francs au chef de cuisine de la caserne.

1er Février

Aujourd'hui, le maire donne lecture au conseil municipal de la lettre du commandant qui lui annonçait la conclusion d'un armistice de vingt-un jours et la formation, dans un délai de quinze jours, d'une Constituante qui sera appelée à Bordeaux. Il ajoute que la ville de Sens est priée d'en avertir les communes de l'arrondissement, mais que n'ayant reçu aucun avis du gouvernement français, il a immédiatement adressé au préfet une dépêche qui relatait l'avis et la demande de la commandanture. Il déclarait aussi, dans cette dépêche, qu'il n'avait voulu prescrire aucune mesure, ni prendre aucune décision, avant d'avoir été informé par qui de droit de ce que la municipalité devait faire dans les circonstances et d'avoir reçu des instructions précises à ce sujet ; en même temps, il informait le préfet que les réquisitions de toute nature faites par l'ennemi étaient plus multipliées que jamais et il demandait si les conditions de l'armistice comportaient un pareil état de choses. — Jusqu'ici, il n'a pas reçu de réponse de la préfecture.

La mairie est requise de fournir 500 enveloppes (d'après modèle) *sur-le-champ*, au bureau de la commandanture.

2 Février

Le commandant Printz vient de partir ; on ne sait trop pour quel motif. Les uns prétendent qu'il a été appelé au quartier général à Versailles, où il serait accusé d'avoir traité la ville de Sens avec trop de ménagements ; d'autres disent qu'il est retourné en Allemagne, près des siens, pour n'avoir pas à exécuter certaines mesures trop sévères contre la ville, et les Prussiens sont de ce dernier avis.

Il est remplacé par le capitaine von Marschall, dont l'aspect dur et sombre ne nous inspire guère de confiance.

Les attroupements ayant recommencé, il fait afficher l'avis suivant :

« La mairie de Sens est priée de *soigner* qu'il n'y ait plus d'attroupements dans les rues et sur les places de la ville, comme cela a été le cas aujourd'hui.

« En cas que les habitants désirent causer entre eux des élections, je leur donnerais volontiers la permission de se réunir dans un local, qui devrait m'être annoncé le jour d'avance.

« Je ne ferai point de difficultés à ce que ces réunions se fassent en toute liberté.

« Sens, 2 février 1871.

> « *Le commandant de place,*
>
> « Von MARSCHAL, *capitaine.* »

3 FÉVRIER

En vertu de l'armistice, les Prussiens ont de nouveau occupé Auxerre et les troupes françaises qui se trouvaient dans cette ville ont dû se retirer dans le département de la Nièvre. Le général de brigade de Fabeck a été nommé par le gouvernement prussien préfet du département de l'Yonne.

Il communique à toutes les autorités civiles françaises et militaires allemandes les conditions suivantes, au sujet de l'administration civile au moment de l'armistice :

QUARTIER GÉNÉRAL

> « Auxerre, 3 février 1871.

« Préalablement à l'approbation de la commandanture royale de la IIIᵉ armée, le soussigné a communiqué les conditions suivantes à la préfecture du département de l'Yonne, au sujet de la continuation de l'administration civile ; jusqu'à l'arrivée de cette autorisation, ces conditions doivent être obligatoires pour les autorités civiles françaises et militaires allemandes :

« 1º Les fonctionnaires français, le préfet, les sous-préfets, les maires et autres qui se trouvaient en fonction au moment de l'armistice restent dans leurs emplois respectifs. Les fonctionnaires qui ont été éloignés par les autorités militaires allemandes de leurs postes et ceux qui les ont abandonnés volontairement ne doivent pas les reprendre sans une permission préalable.

« 2º L'autorité civile ne doit permettre, directement ou indirectement, aucun acte qui puisse nuire aux intérêts des troupes allemandes ou procurer un avantage à l'armée française.

« 3º La poste, la télégraphie et le chemin de fer sont libres de fonctionner et les employés sont maintenus à leurs postes. Il est accordé l'établissement d'une ligne télégraphique française, même pour cette partie du département qui a été occupée par les troupes allemandes avant le début de l'armistice.

« 4º Les opérations pour les élections, réunions, affichage, distribution des bulletins, auront lieu sans aucun empêchement.

« 5º La circulation de la population civile dans l'intérieur du département n'est empêchée d'aucune manière.

« 6º Les réquisitions ne pourront pas avoir lieu et l'approvisionnement des troupes doit être effectué par les soins des communes dans les magasins, moyennant rétribution.

« La fourniture des voitures pour le transport des vivres et de l'approvisionnement pour les troupes sera effectuée par les soins des autorités civiles requises à cet effet.

« 7º Il est permis aux membres de la gendarmerie de rester dans leur résidence à la disposition des autorités civiles.

« 8º La préfecture est obligée de tenir le soussigné informé de toute proclamation qui émanerait de l'administration.

ARTICLES ADDITIONNELS

« 1º Le préfet du département de l'Yonne reste à son poste. La sous-préfecture de Sens sera pourvue d'un titulaire du choix du préfet. Les sous-préfets de Tonnerre et de Joigny sont autorisés à reprendre leurs fonctions.

« 2º Les opérations du recrutement ainsi que la fabrication des armes et du matériel de guerre pour l'armée française sont interdits.

« FABECK,

« *général major et commandant*
de la brigade combinée du VIe corps d'armée. »

4 FÉVRIER

Aujourd'hui, arrivée d'un bataillon composé de 24 officiers, 847 hommes, 52 chevaux. Il restera à Sens, logé chez l'habitant, jusqu'au 10 mars. La garnison de la ville se trouve ainsi plus que doublée.

Dès le jour même, ces soldats procèdent à l'in-

stallation de leurs ateliers de cordonniers et de tailleurs.

5 Février

En prévision de nombreux passages de troupes,
la mairie reçoit la réquisition suivante :

« La mairie est requise de fournir sur-le-champ
1 000 livres d'avoine à la commandanture et de
s'arranger de sorte qu'elle puisse livrer tous les
jours 1 500 livres d'avoine.

« Sens, 5 février 1871.

« La commandanture,

« Cramer, lieut. ad. »

6 Février

Aujourd'hui, arrivent encore 2 officiers, 35 hommes ; et jusqu'au 7 mars il arrivera ainsi de petits
détachements qui compléteront l'effectif du bataillon logé en ville ; il sera composé alors de 973 hommes.

Nous recevons d'un mobilisé une lettre intéres-
sante ; le corps du général du Temple avait quitté
la Nièvre et s'avançait sur Auxerre. Il devait marcher de là sur Sens. Quelques jours auparavant, le
colonel Sudrié avait fait à ses troupes la proclamation suivante :

« Gardes mobilisés de l'Yonne,

« Au moment d'entrer dans votre pays, je viens
vous rappeler que l'ennemi est encore dans vos
foyers. Je n'ai pas besoin de vous demander de
faire votre devoir.

« Quel est l'homme qui, voyant sa maison souillée, ne voudrait se venger? Non! il n'y en a pas.

« Je compte donc sur vous, et n'oubliez pas que c'est dans l'exécution exacte des ordres donnés que vous aurez le plus de force et moins de pertes.

« Vous avez déjà vu cet ennemi fuir deux fois devant vous, vous le verrez encore.

« Vive la France!

« Vive la République! »

On s'avançait avec beaucoup d'entrain quand, à la Cour-Barrée, on apprit d'un passant la nouvelle de l'armistice. On arrive à Auxerre où la nouvelle est confirmée; cependant, le lendemain, à 11 heures du matin, grande alerte. Les Prussiens, au nombre de 5000, marchent, dit-on, sur Auxerre. Le maire et deux notables vont en parlementaires sur la route de Joigny trouver le général prussien à Bassou. Ils apprennent que les troupes françaises doivent évacuer Auxerre. Le lendemain, le général prussien arrivait au bureau de la subdivision militaire, afin de s'entendre avec le général français sur l'exécution des conditions de l'armistice. L'officier français insista vivement pour rester à Auxerre, mais le général ennemi resta inflexible et le lendemain les mobilisés quittaient la ville et reprenaient leurs cantonnements dans la Nièvre, loin des foyers d'où ils espéraient chasser l'ennemi. Le jour suivant, les Prussiens rentraient à Auxerre et s'y reposaient des rigueurs du siège de Paris.

7 Février

Le commandant du bataillon, logé chez M. Cornisset, prend des mesures pour que ses soldats soient bien traités et cherche à leur épargner les inconvénients d'un changement trop fréquent de logements. Voici une note qu'il fait adresser à la mairie :

« La mairie est informée que le *commandeur* du bataillon ne veut plus consentir à ce que les militaires changent tous les quatre jours leurs logements; ils les changeront donc seulement tous les huit jours.

« De plus, le commandeur désire que les militaires soient logés de manière qu'il y ait toujours une compagnie ensemble dans un quartier de la ville.

« Sens, 7 février 1871.

« Le commandant de place,
« Von Marschal. »

En même temps, le commandant envoie la note de ce qui doit être fourni aux militaires logés en ville. Nous la transcrivons textuellement :

« Tout habitant de Sens qui logera des militaires doit fournir :

« 1º Pour un officier : une chambre chauffée et convenablement meublée, un bon lit et de l'éclairage.

« 2º Pour les soldats : une chambre chauffée, pour chacun un bon gîte avec une couverture et des bougies jusqu'à 10 heures du soir.

« L'alimentation consistera en :

« 1º Pour un officier : le matin, du café, du pain blanc et du beurre.

« A midi, un déjeuner de deux plats, du dessert, du café, une bouteille de vin.

« Le soir, un dîner de trois plats, du dessert, une bouteille de vin.

« Chaque jour, dix bons cigares.

« 2º Pour les soldats : le matin, du café et du pain blanc.

« A midi, un bon manger avec de la viande chaud, un demi-litre de vin.

« Le soir, un bon manger avec de la viande chaud, un demi-litre de vin.

« Chaque jour, cinq cigares.

« Pour les troupes casernées, il faut que la ville fournisse par jour et par tête cinq cigares.

« En cas que les cigares ne puissent être livrés, on paiera, au lieu des cigares, la somme de 5 sous par tête par jour.

« Les officiers restent dans leur logement, les militaires changeront les logements tous les huit jours.

« Sens, 7 février 1871.

« Pour le commandant de place,
« Von Marschall. »

Réquisition d'une voiture et d'un tombereau pour enlèvement d'immondices à la caserne.

Le personnel prussien augmente, paraît-il, à la gare. La mairie reçoit cette réquisition :

« La mairie est requise de fournir *jusqu'à demain* à midi, à la gare du chemin de fer :

« 16 matelas et 16 couvertures.

« Et de livrer enfin les draps de lits déjà requis depuis longtemps pour les *employcrs* de la gare.

    « Kœnigli, *commandanlur.*

    « Cramer, *lieut. ad.* »

Un nouveau sous-préfet a été envoyé à Sens pour administrer l'arrondissement pendant l'absence de M. Savatier-Laroche : c'est M. Hugot, conseiller de préfecture à Auxerre.

Le chemin de fer prussien prend des voyageurs français pour Paris ; il les mène de Sens à Corbeil pour 18 francs. On monte avec ses bagages dans n'importe quel wagon ; à Corbeil on mange et on loge comme on peut, avant de trouver une occasion pour aller à Paris. Pour être reçu au guichet du chemin de fer, il faut un laissez-passer que le commandant fait payer 1 fr. 50.

Nous voyons depuis plusieurs jours des Parisiens qui nous donnent les détails les plus tristes sur les derniers jours du siège.

8 Février

Le *Nouvelliste*, de Berlin, nous donne les détails les plus navrants sur l'armée de Bourbaki :

« 80000 hommes auraient passé sur le territoire suisse. Il ne restait pas d'autre alternative aux troupes françaises ; Dôle était occupé, ainsi que les routes conduisant de Pontarlier à Lyon. Il eût été impossible à des soldats démoralisés, dépourvus de munitions et de vivres, et presque gelés, de franchir les lignes ennemies. Il y a eu des situations horribles : tous les chemins sont couverts de soldats français morts, blessés ou tombés de faim et d'inanition. Les soldats allemands pourraient faire autant de prisonniers qu'ils voudraient, mais ils ne le font pas, car ils n'auraient pas de quoi les nourrir, ne sachant eux-mêmes où trouver des vivres. Des centaines de Français jettent leurs armes et viennent à nos avant-postes se constituer prisonniers afin d'avoir du pain. Le général Bourbaki n'a point voulu signer la capitulation et s'est tiré un coup de pistolet; mais il n'est que gravement blessé. 8000 Français environ des 120000 de l'armée de Bourbaki se sont sauvés par le sud; tous les autres sont morts, prisonniers ou internés en Suisse. »

« Au moment même où avait lieu ce désastre, dû en grande partie à l'organisation déplorable et à l'imprévoyance de notre intendance, le journal prussien de Versailles faisait le plus grand éloge de l'intendance allemande, et tout ce que nous avons vu à Sens nous a convaincus que cet éloge était mérité.

« Dans l'histoire de cette prodigieuse campagne que les armées allemandes viennent de faire, une place d'honneur devra être réservée à l'administration militaire qui a, elle aussi, dans son domaine, exécuté de véritables prodiges. Pour alimenter et entretenir sur le territoire ennemi, jusqu'à deux cents lieues et plus de la mère-patrie, quatre grandes armées et d'innombrables détachements, il a fallu une puissance d'organisation, une continuité d'efforts, une sûreté de prévisions, une entente et un soin de détails dont jamais aucune intendance n'avait encore approché.

« On pourra juger des difficultés de cette tâche colossale par un simple aperçu de l'approvisionnement quotidien de l'armée devant Paris. Il faut chaque jour, pour les besoins de cette armée, 148000 pains de trois livres; 1020 quintaux de riz ou d'orge, 595 bœufs ou 1020 quintaux de lard, 144 quintaux de sel, 9600 quintaux d'avoine, 21000 quintaux de foin, 28 000 quarts d'eau-de-vie ou liqueurs spiritueuses. La fourniture du tabac est livrée tous les dix jours avec la même régularité.

« Chaque corps d'armée (25 à 30000 hommes) reçoit, pour dix jours, 75 quintaux de tabac, 1100000 cigares pour soldats et 50000 cigares pour officiers.

« Le transport de ces gigantesques approvisionnements se fait par la ligne du chemin de fer de l'Est qui, depuis le 5 octobre, était en activité jusqu'à Nanteuil, et qui, au 25 novembre, arrivait jusqu'aux lignes d'investissement devant Paris.

« Dans le courant de décembre et de janvier, les chemins de fer d'Amiens, d'Orléans et de Rouen ont pu être établis et utilisés pour le même service.

« L'approvisionnement de bouche et les fourrages pour chaque corps d'armée exigent, par jour, cinq trains de chemin de fer, chacun de trente-deux wagons.

« L'intendance allemande a été, il est vrai, aidée dans sa tâche par les masses considérables d'approvisionnements que l'ennemi a constamment laissées derrière lui dans toutes les places et tous les campements qu'il évacuait. Sous ce rapport, les Français ont été d'un véritable secours pour leurs adversaires. Il les auraient également pourvus de munitions, — et de la même manière, — si la différence des armes n'eût empêché les Allemands d'utiliser les munitions prises à l'ennemi. »

9 Février

Les élections pour l'Assemblée constituante ont eu lieu hier. Malgré le mauvais temps, les habitants des campagnes sont venus en assez grand nombre voter au chef-lieu. D'après le dépouillemement qui a eu lieu dans la soirée, voici le résultat pour l'arrondissement de Sens :

MM. Charton.	8832 voix
Lepère	6912 —
Rathier	6903 —
Guichard	6207 —
Rampont	5927 —
Javal.	4829 —
Raudot	4220 —
Billebault	3734 —
Bert	2585 —
Hardy	2115 —

Ces dix candidats sont ceux qui ont obtenu le plus de suffrages; le département n'ayant que sept représentants à nommer, trois seront éliminés par le résultat définitif.

Ce matin, le commandant von Marschal annonce par lettre à la mairie qu'il est temps de payer une contribution que, dans leur haute raison, nos ennemis appellent une *contribution pénitentiaire*.

Voici cette pièce qui était entièrement écrite en français :

A LA MAIRIE DE SENS

« La ville de Sens est maintenant engagée à payer le reste de la contribution pénitentiaire de 40 000 thalers sans délai.

« Par décret du ministère de la guerre, les villes de l'arrondissement de Sens ont à payer une contribution de 50 francs par tête du nombre des habitants, les communes 25 francs par tête.

« Par décret de l'inspection générale d'étapes de la IIe armée, du 2 février, le département d'Yonne doit payer, par ordre supérieur, une contribution pénitentiaire de 5 millions francs. Cette contribution a été répartie de manière que l'arrondissement de Sens, avec ses six cantons, au nombre de 67 310 habitants, aura à payer à cette contribution 14 francs par tête.

« La mairie est donc engagée à faire sur-le-champ les démarches nécessaires pour que ces contributions soient payées. En cas que la somme entière ne soit pas payée en huit jours, les villes et les communes seront forcées par les mesures les plus sévères à payer.

« Les sommes à payer seraient :

« Par tête des habitants de la ville de Sens, 79 francs.

« Par tête des habitants des communes, 39 francs.

« Par tête des habitants des villes de l'arrondissement, 64 francs.

« La mairie de Sens reste responsable au commandant de place à ce que les contributions soient exigées des villes et communes de tout l'arrondissement.

« Sens, 9 février 1871.

« Pour le commandant de place, Von MARSCHAL,

« HAUPTMANN, *capitaine.* »

10 FÉVRIER

Le général de Fabeck, chargé par intérim des fonctions de préfet prussien dans le département l'Yonne, adresse l'affiche suivante aux sous-préfets et maires :

« Auxerre, 9 février 1871.

« *A messieurs les sous-préfets et maires,*

« Le général soussigné, commandant les forces militaires allemandes dans le département de l'Yonne, — en attendant une réorganisation qui se suivrait nécessairement d'une situation politique plus définie, — vient d'être chargé *ad intérim* des fonctions du pouvoir civil dans ledit département.

« Il envisage comme son devoir principal dans cette période de transition, — qui, espérons-le, sera de courte durée, — de faire tout son possible pour concilier, autant que faire se peut, les intérêts des habitants du département avec les exigences impérieuses qui se présentent au point de vue militaire. Il sera toujours prêt à entendre et à prendre en considération toutes les réclamations que les autorités locales voudront bien lui soumettre à cet égard.

« C'est donc en ce sens que le soussigné s'adresse
à MM. les Sous-Préfets et Maires pour leur demander leur concours, afin de faire peser sur le département le moins possible les charges de l'occupa-
pation militaire.

De Fabeck,

« *Général de brigade.* »

Dans la matinée, le commandant von Marschall,
accompagné de son interprète, se présente à la
mairie. M. Robert le reçoit dans son cabinet, et le
commandant lui fait connaître l'objet de sa visite :
la contribution réclamée à la ville et au département et notifiée hier à la mairie.

Le maire lui déclare que la ville se trouve tellement épuisée par les lourdes charges causées par
le cantonnement des troupes et des ambulances
prussiennes, qu'il a fallu nourrir et loger depuis le
12 novembre 1870, et en outre par les nombreuses
réquisitions qui ont été faites pendant le même
temps, que M. le commandant n'aura pas de peine à
être persuadé qu'il est tout à fait impossible à la
ville épuisée d'acquitter une contribution dont la
totalité s'élève à la somme énorme de 852 489 francs.
Le commandant répond qu'il n'ignore pas les
lourdes charges qui avaient été imposées à la ville
par le séjour des troupes prussiennes qui peuvent
à la vérité l'avoir épuisée, mais que la municipalité pouvait s'adresser aux familles riches qui se
trouvent à Sens, et, que, en cas d'insuccès, il se
verrait à regret forcé de s'assurer de quelques
notables pour garantir le paiement de la somme

de 40000 thalers, paiement exigé immédiatement.

Quant à la contribution de cinq millions imposée au département, il engage la mairie à se concerter avec le préfet pour faire un emprunt départemental devant couvrir la somme de cinq millions.

Dans l'après-midi, le maire rend compte de son entrevue avec le commandant au Conseil municipal qui prend aussitôt les décisions suivantes :

« 1º Le Conseil, considérant que la ville est dans l'impossibilité de satisfaire à cette nouvelle réquisition, décide qu'il ne sera pris aucun engagement en son nom; mais, considérant qu'il résulte des explications données par la commandanture que la liberté de plusieurs notables de la ville de Sens pourrait être compromise :

« Décide qu'ils seront convoqués à la première réunion du Conseil pour leur donner connaissance de l'état de la question;

« 2" Considérant qu'en présence des contributions pénitentiaires qui viennent d'être frappées sur la ville, aux termes d'une lettre de la commandanture notifiée le 9 de ce mois et consistant :

« 1º En une somme calculée à raison de 15 francs par tête d'habitant, pour le pillage d'une voiture de la poste prussienne;

« 2º En une autre somme de 50 francs par tête d'habitant, à raison des dégâts commis par les armées françaises sur les chemins de fer;

« 3º Enfin en une somme de 14 francs par tête, pour contribution pénitentiaire départementale sans motifs exprimés;

« Il est urgent pour la ville de connaître d'une manière précise :

« 1° Si l'armistice comprend, dans ses clauses, la suspension des mesures prises par les autorités prussiennes et qui ont pour effet de ruiner les communes envahies, en leur imposant des contributions qu'elles ne peuvent payer et pour des faits dont elles ne doivent pas être responsables :

« 2° Si les contributions dont il s'agit, infligées à la ville et au département, sont ou ne sont pas une continuation des hostilités de la part des autorités allemandes dans les pays envahis ;

« Délibère :

« Qu'une délégation de deux membres sera envoyée auprès du gouvernement de la Défense nationale afin de s'informer si, parmi les clauses de l'armistice, ces questions ont été prévues entre les parties belligérantes.

« Sont désignés, pour cette mission, M. Robert, premier adjoint, faisant fonction de maire, et M. Biard, conseiller municipal. »

11 Février

Le journal le *Courrier de l'Yonne* reparaît ; nous y lisons aujourd'hui que, par décision de l'autorité supérieure allemande, les modifications suivantes ont été apportées aux déclarations déjà connues :

« 1° Le préfet suspendra l'exercice de ses fonctions ;

« 2° La préfecture ne s'occupera que d'administration purement civile, elle restera étrangère aux affaires électorales ;

« 3° Les communications avec la délégation de Bordeaux sont interdites à l'administration, en ce qui concerne la politique et la guerre. Les dépêches d'une autre nature seront transmises d'abord à Versailles, par le fil à l'usage des autorités allemandes ;

« 4° Les communications télégraphiques entre le département de l'Yonne et les autres départements n'auront plus lieu par les soins des fonctionnaires français ;

« 5° Dans l'intérieur du département, le service télégraphique restera entre les mains des employés français. »

La commandanture envoie à la mairie des feuilles imprimées et timbrées que la mairie de Sens devra faire parvenir aux communes de l'arrondissement pour les prévenir d'avoir à payer une contribution de 25 francs. Ces feuilles, où le nom de la commune est en blanc, portent la date du 25 janvier, sans doute pour faire croire qu'elles ont été imprimées avant l'armistice. En voici le modèle :

« Par ordre du ministère de la guerre et par décret de l'inspection générale d'étape de la deuxième armée du 15 janvier, la commune de..... doit payer une contribution de 25 francs par tête du nombre des habitants, dans le délai de trois semaines, au bureau de la commandanture de.....

« En cas que cette contribution ne soit pas payée

dans ce délai, les mesures les plus sévères seront employées.

« Sens, 25 janvier 1871.

« *Le commandant de place,*

« Baron DE PRINTZ. »

Ces feuilles étaient demandées depuis longtemps à M. Duchemin, qui a su trouver des motifs plausibles pour en retarder, autant que possible, l'impression. De son côté, la mairie garda ces feuilles et attendit, avant de les envoyer, le résultat des démarches qu'elle allait faire pour être déchargée de cette contribution.

Le commandant est impatienté de ce que la mairie a retardé l'envoi de certaines fournitures à faire à la gendarmerie, et son style le témoigne :

« *Ordre du commandant.*

« La mairie est requise de fournir *sur-le-champ* à la gendarmerie :

« 5 seaux, 5 cannettes ou cruches, quelques cuvettes à laver, quelques chandeliers (2), 5 chaises, un homme pour nettoyer les cabinets.

Le lit, les chaises et la table pour le bureau *n'ont pas encore été fournis,* il faut qu'ils soient fournis de même.

« *sur le champ !*

« Sens, 11 février 1871.

« *Le commandant de place,*

« Von MARSCHALL. »

12 Février

Les Prussiens s'imaginent naïvement que les

voyageurs français ne se servent pas de leur chemin de fer, parce qu'ils ne connaissent pas exactement les heures; ils envoient cet avis à la mairie :

« Pour éviter que le départ des trains ne retarde,
la *montre* à la gare du chemin de fer de Sens a été
avancée de 40 minutes (*temps* de Strasbourg). La
mairie est priée d'avertir les habitants de cette mesure pour qu'ils puissent être à temps à la gare.

« Sens, 12 février 1871.

« *Le commandant de place,*

« Von MARSCHALL. »

Le commandant réclame aujourd'hui pour les
cigares :

« *A la mairie de Sens,*

« Malgré l'ordre donné, la ville n'a pas encore
fourni les cigares pour les troupes casernées et pour
ces militaires qui sont logés et nourris par la ville,
y compris le personnel de la commandanture et des
ambulances.

« Ces cigares devront être fournis pour le temps
à commencer du jour de la publication de cet ordre (c'est-à-dire le 4 de ce mois) jusqu'à maintenant.

« Quand ces cigares ne seront pas fournis dans
le plus court délai, la ville devra fournir de double
des cigares.

« Sens, 12 février 1871.

« *Le commandant de place,*

« Von MARSCHALL. »

La mairie se décide enfin à envoyer à la commandanture la quantité de 25 000 cigares.

Le résultat définitif des élections est connu ; les sept députés nommés par le département sont les sept qui ont obtenu le plus de suffrages dans l'arrondissement de Sens.

Les Prussiens continuent à s'habiller à nos frais ; la commandanture demande aujourd'hui 25 mètres de drap noir, de plus, une peau de cuir pour harnais.

13 Février

C'est aujourd'hui lundi et jour de marché. Toutes les denrées ont considérablement renchéri ; le beurre est hors de prix, et les Prussiens, qui en sont très friands, s'empressent de porter leurs plaintes au commandant, lequel décide que le beurre ne sera point vendu au-dessus du prix de 2 francs. Les Sénonais ne s'en plaignent point.

Décidément, les voyageurs français ne seront jamais à l'heure pour l'arrivée des trains prussiens. Le commandant envoie à ce sujet une nouvelle note à la mairie et la prévient en même temps que la poste prussienne est installée à la gare.

A LA MAIRIE DE SENS

« La mairie est avertie que le train arrivant de Joigny à 10 heures part de Sens à *10 heures 9 minutes* pour Montereau ; le train de Montereau arrive à 1 heure 22 minutes et part pour Joigny à *1 heure 32 minutes.*

« La montre de la gare *avance* de 40 minutes (temps de Strasbourg).

« Ce serait désirable que la mairie en avertisse

les habitants de la ville, et en même temps que le bureau de la poste prussienne se trouve, dès aujourd'hui, à la gare.

« Sens, 13 février 1871.

« Le commandant de place,

« Von Marschal. »

Nous apprenons que, pendant que les Prussiens profitent de l'armistice pour se reposer tranquillement de leurs fatigues près de nos foyers, nos mobilisés de l'Yonne sont exposés à toutes les intempéries d'une saison rigoureuse dans le camp fangeux de Vernuche. On envoie à ce sujet la protestation suivante au général commandant :

« Sens, 13 février 1871.

« Général,

« Permettez-moi de protester hautement contre le système barbare du campement dans la saison rigoureuse où nous nous trouvons, alors que le soldat ne souffre déjà que trop d'un équipement souvent défectueux. N'est-il pas déjà assez exposé à toutes espèces de privations pour qu'il faille le livrer en proie aux maladies qui déciment des hommes couchés sur un terrain humide et glacé. Comment se fait-il que le corps médical n'ait pas été consulté à ce sujet? Il aurait dit, au nom de l'humanité, les germes de maladies inoculés ainsi à nos pauvres soldats, qui, s'ils échappent à la mort, deviennent une charge pour les familles dont ils auraient dû être les soutiens.

« Pendant ce temps, nos ennemis, plus sages que nous, se font traiter dans nos villes avec tout le

confort désirable, comme le prouve la copie ci-
jointe d'une affiche apposée sur les murs de notre
ville de Sens (1). Ils rient des privations inutiles
qu'un système erroné impose à nos troupes, et ils
comptent sur leur affaiblissement physique pour
les vaincre sans efforts.

« Puisse, monsieur le général, cet appel, fait au
nom de l'humanité, aller à votre cœur, et puissent
enfin nos pauvres soldats, au sein même de leur patrie, n'avoir plus à envier le sort de l'ennemi.

« Agréez, etc.

« V. DAUPHINÉ,
« Professeur au lycée de Sens. »

14 FÉVRIER

Parmi les nombreuses réquisitions faites régulièrement, la mairie avait oublié, peut-être un peu
à dessein, la fourniture extraordinaire de drap demandée le 12, le commandant la lui rappelle en
ces termes :

« Le drap requis dimanche, le 12 de ce mois, n'a
pas encore été fourni au bureau du commandant.
La quantité requise était de 25 mètres, qui devra
être fourni sur-le-champ.

« Le commandant de place,
« VON MARSCHALL. »

14 FÉVRIER

La séance du conseil municipal est ouverte à
10 heures du matin. Suivant la décision prise dans

(1. Voir l'affiche du 7 février.

la séance précédente, cinquante-quatre des personnes notables de la ville ont été convoquées, afin de leur donner connaissance des demandes faites par les autorités prussiennes. Trente seulement y assistaient ; en leur présence et en celle du conseil, le maire donne lecture de la lettre émanée de la commandanture le 9 février.

« Comme vous le voyez, messieurs, ajoute le maire après cette lecture, trois demandes appelées contributions pénitentiaires sont faites à la ville :

« 1º Une demande de 50 francs par tête, ayant pour motif, donné par la commandanture elle-même, les dégâts commis par les troupes françaises sur les ponts des chemins de fer ;

« 2º Une autre contribution de 5 millions que le département est obligé de fournir au gouvernement prussien, le motif de cette contribution n'a pas été donné ;

« 3º Enfin, la troisième, celle qui est exigée de suite, et qui s'élève à 40 000 thalers ou 150 000 francs pour le pillage, sur le territoire de la commune, d'une voiture appartenant au service de la poste prussienne.

« Je vous dois quelques explications à ce sujet : dans les premiers jours de l'occupation, une voiture de la poste prussienne a été arrêtée tout près de Sens et emmenée. Nous étions parvenus à faire comprendre au prince Frédéric-Charles, lors de son passage en notre ville, que cet acte avait été simplement un acte de représailles bien pardonnable contre les brutalités de quelques soldats prussiens et le pillage de plusieurs magasins de la ville.

« Nous avions obtenu de ne rien payer pour ces faits, lorsque, dans le *Moniteur* de Tours du 28 novembre, paraissait un article rapportant que, dans une voiture arrêtée dans la ville de Sens, on avait trouvé des pièces et des plans de campagne d'une grande importance. Il n'en fallut pas davantage pour exciter les ressentiments du prince Frédéric-Charles contre la ville ; malgré les promesses faites, il imposait la commune de 40 000 thalers.

« De nouvelles démarches furent entreprises pour obtenir la suppression de cette contribution, et, avec la bienveillance du commandant de place qui vient de quitter la ville, nous obtenions de ne payer que la somme de 13 419 fr. 40, valeur reconnue par les autorités prussiennes égale à celle que contenait la voiture.

« Mais, aujourd'hui, cette affaire, que nous croyions éteinte, revient avec plus de force, car dans une entrevue avec M. le commandant, le lendemain de la réception de la lettre dont je viens de vous donner communication, il me confirmait les termes de cette lettre en me prévenant que si, d'ici huit jours, cette somme n'était pas versée entre ses mains, il se verrait dans l'obligation d'agir avec rigueur.

« Je lui rappelais alors tous les sacrifices que la commune et les particuliers s'étaient imposés depuis le 12 novembre dernier pour le cantonnement des troupes et des ambulances, pour leur installation, toutes les charges résultant des troupes de passage, toutes les nombreuses réquisitions qui ont été faites depuis cette époque, et, par suite, l'impossibilité de se procurer encore une aussi lourde somme.

« M. le commandant a répondu qu'il n'ignorait pas les lourdes charges imposées à la ville par le séjour à Sens des troupes prussiennes, charges qui pouvaient l'avoir épuisée ; mais que la municipalité devrait, dans ce cas, s'adresser aux familles riches de Sens, et, qu'en cas d'insuccès, le commandant se verrait à regret dans la nécessité de s'assurer de quelques personnes notables pour garantir le paiement de la somme demandée.

« Dans la même entrevue, M. le commandant me disait que la contribution des 5 millions et celle des 50 francs par tête devaient être considérées comme départementales et qu'il fallait ouvrir un emprunt au chef-lieu du département.

« Vous le voyez, messieurs, a ajouté le maire, la question la plus pressante, celle dont nous avons d'abord à nous occuper, c'est celle des 40 000 thalers.

« Tant que nous avons pu supporter seuls les charges et la responsabilité de la crise que nous traversons, nous l'avons fait du mieux qu'il nous a été possible ; mais, aujourd'hui, que la liberté des notables paraît menacée comme la nôtre, nous avons cru de notre devoir de vous communiquer les demandes telles que les a faites l'autorité prussienne, en y ajoutant les explications qu'elle nous a données verbalement dans la grave question qui nous intéresse tous à un égal degré.

« Il y a trois questions à résoudre :

« 1º Doit-on chercher à se procurer les sommes exhorbitantes demandées, s'élevant en totalité à 852 489 francs ?

« 2º Doit-on refuser péremptoirement de payer ?

« 3º Doit-on entrer en composition, et, obtenant une réduction, s'engager à payer les contributions ainsi réduites ?

« M. Billebault prend la parole. Le Conseil, dit-il, est d'avis de répondre qu'il est impossible de satisfaire aux demandes de l'autorité prussienne, et que, quand ce serait possible, il ne voudrait pas engager la ville de ce chef ; que la ville, au moment où le conseil a pris la direction des affaires communales, devait 4 500 francs ; qu'en outre, il lui est réclamé, pour la part dans la dépense des mobilisés du département, une somme de 60 000 francs ; que, d'autre part, l'occupation ennemie a déjà coûté à la ville au moins 250 à 300 000 francs. Jusqu'à présent, ajoute-t-il, le conseil a tâché de gagner du temps par tous les moyens qui sont en son pouvoir, et il est résolu de poursuivre cette ligne de conduite ; toutefois, s'il ne peut plus différer, il est résolu à opposer aux exigences de l'ennemi un refus formel ; et c'est en vue de cette éventualité que le conseil a cru devoir prévenir MM. les notables.

« Un des notables prend alors la parole. Je crois, dit-il, que les personnes appelées aujourd'hui n'ont aucun avis à donner ni au conseil, ni à l'administration municipale, qui doivent connaître exactement la situation dans laquelle se trouve la ville. Si le conseil finit par répondre par un refus péremptoire, je suis prêt à subir la position qui me sera faite.

« Un autre notable approuve le conseil qui s'efforce sans cesse de gagner du temps ; agir ainsi, dit-il, c'est agir dans l'intérêt bien entendu de la ville, et il engage fortement le conseil à persévérer dans cette voie.

« Les notables s'étant retirés, le maire informe le conseil qu'il vient de recevoir de la commandanture des affiches indicatives de ce qui doit être fourni aux militaires prussiens, officiers et soldats logés chez l'habitant. L'exagération de ces fournitures est telle qu'il en a défendu l'affichage, et il a demandé si, pendant l'armistice, l'armée prussienne a le droit de se montrer plus exigeante que pendant l'état de guerre.

« Le conseil, s'inspirant des bonnes paroles contenues dans la proclamation du général Fabeck, engageant les administrateurs des communes à lui faire part des observations qu'ils auraient à lui soumettre, affirmant qu'il s'efforcerait d'y faire droit, tout en conciliant les intérêts de l'armée allemande avec les intérêts des habitants du département ;

« Décide que le maire se rendra auprès du général de Fabeck pour le prier de lui faire connaître le détail des choses à fournir aux militaires allemands logés chez l'habitant, et pour lui exposer en même temps la situation de la ville en présence des contributions pénitentiaires en argent qui lui sont demandées. »

14 Février

L'interprète de la ville est menacé de trois jours de corvée pour avoir déclaré aux soldats que les cigares qu'ils venaient réclamer à la mairie étaient déposés à la commandanture à laquelle ils pouvaient s'adresser. Le conseil municipal proteste énergiquement contre l'exécution de cette mesure inique, et, en présence d'une démission en masse de ses membres, certains Prussiens, ennemis particuliers de l'interprète, durent renoncer à la satisfaction que leur aurait procurée le spectacle de son humiliation.

15 Février

La poste vient de s'installer à la gare dont les salles d'attente lui servent de bureau. Le commandant adresse à la mairie une note que nous transcrivons textuellement :

« Les employés de la poste logeront dès aujourd'hui à la gare, il faudra donc qu'ils soient nourris au restaurant de la gare.

« La mairie est priée de *soigner* que l'hôte de ce café en soit averti.

« Il faut encore que je remarque qu'il y a trois *employers* de poste *en rang* d'officiers.

« *Le commandant de place,*

« Von Marschall. »

On demande en outre 2 lavabos et 4 essuie-mains.

D'un autre côté, l'administration des postes françaises envoie par le *Bulletin de la République* l'avis suivant :

« Le public est prévenu qu'à partir de ce jour les lettres échangées entre Paris et les départements pourront être fermées.

« L'administration des postes donne l'ordre d'acheminer sur la capitale toutes les correspondances qui avaient été entreposées sur divers points depuis l'investissement.

« *L'administrateur des postes délégué,*

« A. Libon.

« Bordeaux, 14 février 1871. »

Nous apprenons que certains spéculateurs, qui ont fait le vide sur notre marché pour contribuer dans la mesure de leurs forces au ravitaillement de Paris, n'ont pu franchir les lignes d'investissement. Une grande partie de leurs marchandises auraient été avariées ou vendues au-dessous du prix d'achat. On ne les plaint guère à Sens, où à partir de ce moment les denrées cessent de renchérir.

Les autorités prussiennes mettent, paraît-il, souvent obstacle à l'entrée des vivres dans la capitale. Un journal allemand dit à ce sujet que le ravitaillement de Paris ne doit avoir lieu, en vertu d'ordres supérieurs, que dans des proportions très modérées, de manière à n'accorder à la ville que la consommation strictement nécessaire pour empêcher la famine.

La *Gazette de Cologne* qui est, comme l'on sait, l'un des plus sérieux journaux de l'Europe, nous donne aujourd'hui un compte rendu exact des opérations de l'armée allemande du Sud. Ce document qui a fait grand bruit dans la presse étrangère et qui n'a été publié, croyons-nous, dans aucun journal français, est d'un intérêt historique trop grand pour que nous n'en donnions pas la traduction. On comprendra mieux, après l'avoir lu, surtout en suivant les opérations sur une bonne carte, par suite de quelles circonstances l'armée française de l'Est, forte au moins d'environ 100000 hommes, a été refoulée sur la frontière de la Suisse, et forcée, en dernier lieu, d'y chercher un abri.

Opérations de l'armée allemande du Sud

« Le général Werder avec le XIVe corps d'armée occupait encore vers la mi-décembre la ligne de Châtillon-sur-Seine-Dijon-Gray, Vesoul-Montbéliard, n'ayant encore contre lui que des forces ennemies peu considérables; à Autun, Garibaldi avec 12000 à 15000 hommes, et à Dôle et Beaune le corps de Cremer comprenant 20000 hommes. A cette époque se concentrèrent à Besançon les troupes qui, sous les ordres de Bourbaki, devaient former la première armée française, c'était les XVe, XVIIIe, XXe et XXIVe corps d'un effectif de 150000 hommes, armée qui devait opérer de concert avec les forces que Lyon venait d'envoyer vers le Nord afin de reprendre l'Alsace et de couper la ligne principale de communication avec l'Allemagne. En présence de ces forces supérieures, et afin de couvrir le siège de Belfort et l'Alsace, le général Werder évacua Dijon et concentra ses troupes à Vesoul. Le 9 janvier il tombait à Villiers-Sexel sur les flancs de l'avant-garde ennemie qui s'avançait vers Belfort. Il y eut des combats acharnés et meurtriers livrés contre le XVIIIe et le XXe corps français, mais Werder maintient ses positions avec tant d'opiniâtreté que l'armée française fut arrêtée deux jours dans sa marche et qu'elle laissa au général le temps d'atteindre la position de Delle-Montbéliard-Héricourt, position retranchée et défendue par des pièces d'artillerie de gros calibre.

« Le général en chef avait eu soin, du reste, d'envoyer à temps à Werder des secours suffisants : c'était le IIe et le VIIe corps d'armée royal prussien, formant un effectif de 56 bataillons, 20 escadrons et 168 canons. Les troupes se mirent en mouvement vers le commencement de janvier, les unes venant de Paris, les autres du nord de la France.

« Le 12 janvier, les deux corps se trouvaient concentrés sur la ligne de Noyers-Nuits-sous-Ravières-Châtillon-sur-Seine-Montigny ; l'armée ainsi formée était couverte à Montbard par un détachement de 6 bataillons, de deux escadrons et de deux batteries sous les ordres du colonel von Dannenberg. Le même jour était arrivé à Châtillon-sur-Seine le général de cavalerie, baron de Manteuffel, pour prendre, par ordre de S. M. le roi, le commandement en chef de l'armée du Sud qui venait de se former. Le général Werder était vivement pressé par l'ennemi; il s'agissait d'accourir promptement à son secours, et la direction de Vesoul semblait la ligne la plus rapprochée d'où l'on pût en tout temps opérer contre les communications de derrière de l'armée française. L'ennemi voyait le début de son expédition manqué, du moment que le général Werder parvenait à se maintenir quelques jours dans ses positions. En même temps que les colonnes allemandes débouchaient des montagnes de la Côte-d'Or, dans la direction de la ligne de Champlitte-Gray, les deux corps devaient agir vigoureusement. Le temps pressait et on ne le perdit point. Le 15 et le 16 janvier, les têtes des trois colonnes débouchaient de la Côte-d'Or par Selongey, Pranthoy et Longeau, et jusqu'au 18 le gros des colonnes. Le IIe corps d'armée formant l'aile droite était à une journée de marche en arrière et avait devant lui comme avant-garde le détachement Dannenberg; il laissa entre Seine et Sombermon la brigade du général Kettler, composée de 5 bataillons, 2 escadrons et 2 batteries d'artillerie, afin de couvrir la marche en avant contre les forces considérables que Garibaldi avait réunies près de Dijon, car on ne s'attendait guère à l'inaction dans laquelle il resta plus tard. On traversa la Côte-d'Or sans rencontrer d'opposition sérieuse; seules les troupes les plus avancées, notamment celles de la 14e division, et celles du IIe corps d'armée eurent quelques légers engagements contre les Garibaldiens, des francs-tireurs et des corps francs, sortis de la citadelle de Langres, située sur notre gauche et dont la garnison venait de nouveau de recevoir des renforts considérables. La marche fut excessivement pénible.

Un froid rigoureux, une neige profonde, des chemins couverts de verglas gênaient les mouvements, mais l'esprit de sacrifice et l'énergie des troupes surmontèrent tous les obstacles. Sur les pentes escarpées et glissantes, où les forces des chevaux étaient insuffisantes, on fit avancer les voitures à bras d'hommes. Le 19 janvier, les forces principales de l'armée du Sud se trouvaient rassemblées à Fontaine-Française et à Dampierre, tandis que les troupes d'avant-garde atteignaient la Saône sur la ligne de Gray à Secy-sur-Saône. Des détachements du VIIe corps établirent les communications avec la cavalerie de Werder (brigade badoise, colonel Willisen), dans la direction de Luxeuil et de Saint-Loup. L'armée était ainsi prête, selon les nouvelles venues de Belfort, à continuer sa marche en avant, soit dans la direction de l'Est, soit dans celle du Sud-Est. Dans l'intervalle on apprit que le général Werder avait combattu trois jours, le 15, le 16 et le 17, qu'il avait repoussé les attaques vigoureuses et réitérées de l'armée entière de Bourbaki, et qu'il avait victorieusement maintenu ses positions de Delle-Montbéliard-Héricourt-Lure ; que Bourbaki, comprenant que tout mouvement en avant devenait impossible et instruit d'ailleurs de l'approche de l'armée du Sud, était en pleine retraite sur Besançon, suivi par les avant-gardes du XIVe corps d'armée. A Belfort, le corps d'armée des assiégeants était de nouveau en pleine activité.

« Dans ces circonstances, le général en chef de l'armée du Sud ne pouvait plus considérer comme une nécessité pressante d'opérer sa jonction avec le corps du général Werder à Vesoul, il résolut au contraire de se rendre avec toutes les forces disponibles sur le flanc de l'ennemi en retraite, et à l'occasion de s'opposer à sa marche au sud de Besançon. On ne savait encore au juste si la retraite de l'ennemi s'opèrerait entièrement entre la Saône et le Doubs, ou encore entre le Doubs et la frontière suisse. Mais si l'on parvenait à lui enlever l'embranchement du chemin de fer de Besançon-Lyon et à retarder sa retraite par le XIVe corps d'armée, il allait être évidemment forcé de faire volte-face et de se retirer ainsi en combattant, le dos tourné vers la frontière neutre où il serait refoulé. En ce cas, la victoire laissait entrevoir les plus beaux résultats, et la bonté de nos troupes ne permettait point d'en douter, même en présence de forces supérieures.

« A partir du 19 janvier, l'armée du Sud acheva un mouvement de conversion à droite et commença sa marche en avant vers le Doubs avec l'aile gauche (14e division), par Fresnes, Saint-Marnes, dans la direction de Besançon, avec le gros du VIIe corps, par Marnay, dans la direction de Dampierre. Le IIe corps marcha par Pesmes sur Dôle, pour y couper, ainsi qu'à Villiers-Farlay, l'embranchement de chemin de fer occupé par l'ennemi. Dôle fut occupé dès le 21, le chemin de fer et 230 wagons chargés de vivres et d'approvisionnements tombèrent en notre pouvoir. 30 wagons chargés furent aussi pris à Dampierre par le VIIe corps. Les passages du Doubs étaient restés intacts, la 3e division passa la rivière et occupa le point important de la bifurcation des routes à Quingey, afin d'y détruire l'embranchement du chemin de fer de Besançon-Lons-le-Saulnier-Lyon, ainsi que l'avait fait le IIe corps d'armée à Villiers-Farlay. La 14e division prit position à Saint-Vit ; ses troupes les plus avancées repoussèrent, le 23, à Dannemarie, des troupes qui venaient de la direction de Besançon. On put alors y constater la présence du XXe et plus tard celle du XVe et du XVIIIe corps français. On était donc arrivé, dès le 25 janvier, à s'opposer directement à l'ennemi au sud de Besançon.

« Le VIIe corps d'armée se tenait avec ses deux divisions à cheval sur le Doubs, à Saint-Vit et à Quingey, ayant des avant-postes dans la direction de Besançon. Le IIe corps était échelonné sur les derrières, de Mouchard à Vandrey, jusqu'à Dôle. Le quartier général de Manteuffel se trouvait au château de la Barre, près du Doubs. Pour couvrir les communications de derrière et assurer la défense contre la forteresse d'Auxonne, on avait échelonné la brigade de Knesebeck (autrefois de Dannenberg) de Gray à Dôle, en outre la brigade de cavalerie du colonel Willisen s'était rendue à Pesmes à marches forcées. La 4e division de réserve du XIVe corps d'armée seule avait suivi les forces principales de l'ennemi qui, par Beaume-les-Dames, avait gagné la rive gauche du Doubs et de Saint-Jean-d'Adam occupé le 25, le général Schmeling, de concert avec le détachement venu de Blamont, du général Debschütz, opérait sur la route de Besançon-Pontarlier. Le général Werder faisant un mouvement de conversion à droite avec les quatre brigades qui lui restaient, avait atteint Rioz et ses avant-postes avaient relevé les détachements de la 14e division, qui jusqu'alors avaient gardé les passages d'Oignon-Voray-Etuz-Pin. Avant le 25 janvier, les engagements du IIe et du VIIe corps d'armée n'avaient eu lieu qu'avec des francs-tireurs, des gardes mobiles et avec la garnison de Besançon ; cependant le XIVe corps d'armée avait pu constater que les XVe, XVIIIe, XXe et XXIVe corps étaient en totalité ou en très grande partie refoulés à Besançon, tandis que des forces assez considérables devaient être restées au sud de Blamont. On ne savait encore si l'ennemi allait se refaire à Besançon et de là tenter ensuite de se frayer passage à travers l'un de nos corps d'armée ou s'il allait attendre notre attaque, ou bien encore tenter sa retraite vers le sud par les routes qui se trouvent entre Villers-Farlay et Pontarlier. Dans le premier cas, tout était prêt pour attaquer directement un ennemi qui, au dire des prisonniers, était démoralisé et affaibli par le manque de vivres, par des marches forcées et par des fatigues de toute espèce ; dans le second cas, les IIe et VIIe corps étaient prêts à l'attaquer de flanc et au besoin à s'opposer plus loin à sa marche. La présence du corps de Garibaldi à Dijon était une gêne pour les communications de derrière de l'armée du Sud. Dans le but de mener contre l'ennemi les forces réunies des deux corps, il avait fallu laisser au faible détachement du major général Kettler le soin de paralyser les troupes de Garibaldi, mais maintenant que rien ne s'opposait plus à leur jonction directe avec le XIVe corps d'armée, il s'agissait de gagner le point important de Dijon. La brigade de Knesebeck, déjà échelonnée entre Gray et Dôle, la brigade badoise de Degenfeld et la brigade de cavalerie du colonel Willisen furent désignées pour cette expédition contre le chef-lieu de la Côte-d'Or, et ces troupes, ainsi que la brigade de Kettler furent placées sous les ordres du lieutenant-général Jean de Weyhern, qui quitta les environs de Pesmes le 27 pour marcher contre Dijon. Le major général Kettler, resté en arrière avec ordre de couvrir les communications entre Montbard et Dijon, avait jusqu'ici rempli sa mission avec autant d'audace que de bonheur. Une reconnaissance que ce général poussa dans la direction de Dijon le 21 janvier, lui permit de constater, après un combat sanglant qui nous livra 500 prisonniers, que les forces du corps de Garibaldi s'élevaient au moins à 25000 hommes et qu'il s'y trouvait une position armée de 20 canons de gros calibre. Le général Kettler renouvela l'attaque le 23; s'il ne parvint pas à s'emparer de Dijon, il obtint du moins, grâce à l'audace qu'il eut de prendre l'offensive, que Garibaldi, se croyant attaqué par des forces imposantes, voire même peut-être par l'armée du Sud, con-

tinua à rester dans une inaction complète, et négligea d'apporter à l'armée de Bourbaki le secours
qu'il était en droit d'attendre et qu'il était en son
pouvoir de lui procurer. Si, dans ces jours, Garibaldi eût marché résolument sur Dôle pour attaquer
notre point de jonction, ayant Auxonne pour excellent point d'appui, les mouvements du II° et du
VII° corps étaient retardés pour plusieurs jours, et
les Français auraient gagné le temps voulu pour
opérer leur retraite vers Lyon, le long des frontières suisses. Mais Garibaldi ne fit rien, il resta inactif à Dijon et évacua cette ville sans opposer de résistance sérieuse, le 1er février, quand le lieutenant
général Jean de Weyhern vint renforcer les troupes du général Kettler. Garibaldi ramena par chemin de fer son corps d'armée vers le sud, afin de
conserver sa personne et son activité si féconde en
résultats pour l'avenir de la France, qui ne manquera pas de lui en être reconnaissante. Le VII° corps
d'armée, qui occupait la forte position de Saint-Vit-
Quingey, avait, dès le 24 janvier, livré plusieurs
combats en poussant de là des reconnaissances
dans la direction de Besançon et de l'Est et y avait
fait plus de 500 prisonniers. Pour ne pas demeurer
dans l'incertitude au sujet d'un départ possible de
Besançon par le corps d'armée français, notre corps
continua, dans les premiers jours qui suivirent, à
opérer des reconnaissances du côté de la forteresse
et de la route Besançon-Ornans, tandis que le
II° corps recevait l'ordre de pousser par Salins vers
Pontarlier et d'y faire des reconnaissances par Ar-

bois, du côté de Champagnole et de la route de Lons-le-Saulnier. Il trouva le défilé de Salins barré par deux forts, occupa la ville après un combat prolongé, mais comme les forts refusaient de se rendre, on renonça à forcer le passage d'un défilé qui pouvait, du reste, être tourné, et il fut simplement tenu en observation par un détachement posté à l'est de Mouchard. Les reconnaissances envoyées par Salins vers Levier avaient constaté, à Villeneuve, sur la route de Besançon-Pontarlier, la présence de masses de troupes ennemies considérables, notamment du XXe et du XXIVe corps français. De même les reconnaissances du VIIe corps d'armée établirent que l'ennemi avait commencé à évacuer la contrée de Besançon et qu'il opérait sa retraite dans la direction de l'Est, du côté de Pontarlier et de Champagnole. Le XIVe corps d'armée qui, maintenant réuni en totalité à l'armée principale, avait atteint, le 27, Marnay pour relever le VIIe corps d'armée dans sa position sur les deux rives du Doubs, ne trouva, dans ses reconnaissances poussées du nord-ouest vers Besançon, que de faibles forces ennemies, une division environ. Les renseignements fournis par les espions apprenaient en outre que l'armée opérait sa retraite.

« Quand le général Manteuffel fut convaincu que l'ennemi s'était entièrement retiré sur la rive gauche du Doubs et qu'il se retirait de là vers l'Est le long des frontières de la Suisse, il se décida promptement à tomber sur lui avec toutes ses forces, à le forcer à accepter la bataille ou à le refouler en

Suisse. D'après ses ordres, le II° corps prit à droite, par Arbois et Poligny, dans la direction de Champagnole, afin de s'opposer, là, au milieu des montagnes, près des Planches, à la marche de l'ennemi et afin de lui fermer les dernières routes qui lui restaient pour opérer sa retraite vers le sud.

« L'avant-garde atteignait déjà Champagnole le 28 et s'empara au nord, près d'Onglières-Nozeroy, d'un convoi de 50 voitures. Ce convoi, faisant partie de la division de cavalerie française, prouvait qu'outre cette division un petit nombre de troupes, 8000 hommes seulement, avaient passé dans la direction de Lons-le-Saulnier. Un escadron qui poussa jusque-là trouva la ville occupée. Pendant ce temps, le VII° corps d'armée avait été relevé par deux brigades badoises dans ses positions vers Besançon et, contournant au nord le défilé de Salins, il avait avancé vers Villeneuve et Levier par la route directe de Besançon-Pontarlier. Son aile droite établit ses communications avec le II° corps d'armée ; l'aile gauche était prête à prendre l'offensive et à agir vigoureusement contre Pontarlier.

« Le commandant en chef transporta, le 29, son quartier-général à Arbois et fit venir à Villiers-Farlay, comme réserve générale, la brigade du général de Goltz (du XIV° corps d'armée). Ordre fut donné au général Schmeling de presser vivement l'ennemi au nord ; une grande partie du XXIV° corps français se replia devant lui, par Pierre-Fontaine, à Pontarlier.

« Le commandant en chef de l'armée du sud ne

conservait plus aucun doute, il savait maintenant qu'il trouverait à Pontarlier les forces principales de l'ennemi et avait, en conséquence, ordonné aux IIe et VIIe corps, au détachement de Goltz, ainsi qu'à la division Schmeling, de marcher sur Pontarlier par un mouvement concentrique.

« Le VIIe corps d'armée, tout en conservant Levier, inclina à gauche de manière à se trouver entre cette route (Levier) et celle qui conduit de Saint-Gorgon à Pontarlier ; le détachement de Goltz marcha par Arbois, Pont-d'Héry sur Villeneuve et le IIe corps avançait du sud par Fresne, pendant qu'un de ses détachements occupait la route de la montagne, près des Planches. Le général Schmeling, avec la 4e division de réserve, s'avançait du nord par Gorgon, le général Debschütz s'avançait, avec sept bataillons, à marches forcées, sur Morteau, situé au nord de Pontarlier. Dans l'après-midi du 29, l'avant-garde de la 14e division atteignit la queue de l'armée française, et après un combat acharné près des villages de Sombacourt et de Chaffois qui furent pris d'assaut par les détachements du colonel Cosel et du major Redeslow, elle fut rejetée sur Pontarlier avec une perte de 17 canons, d'environ 5000 prisonniers, parmi lesquels deux généraux. Le 30 au soir, le IIe corps occupait Frasne. On y fit plus de 3000 prisonniers, ainsi que le 31, après un combat sanglant livré à l'embranchement des routes de Sainte-Marie, dans la montagne, près du lac de Saint-Point.

« Le 1er février, à midi, les têtes des corps d'armée étaient devant Pontarlier, prêtes à l'attaque. Mais le général Clinchant, qui venait de prendre le commandement en chef du gros de la Ire armée française à la place du général Bourbaki qui se trouvait alors à Besançon gravement blessé par sa tentative de suicide, dut renoncer à tout espoir de résistance sérieuse en présence de l'état d'épuisement et de démoralisation de ses troupes. Pendant l'espace de deux jours il avait cherché à conserver à la France son armée à force de pourparlers touchant l'armistice et la capitulation. Mais quand toutes ces tentatives eurent échoué contre la fermeté avec laquelle le général Manteuffel maintint la tâche qu'il s'était imposée et qu'il eût repoussé toute explication ou interprétation de l'armistice conclu à Versailles le 28, tendant à étendre les bénéfices de cet armistice non seulement au reste de la France, mais encore aux opérations de l'armée du Sud, le général Clinchant conclut avec les autorités militaires suisses une convention en vertu de laquelle il fit passer, le 1er février, le noyau de son armée à Verrière. 80 000 hommes y rendirent les armes et furent ensuite internés dans les cantons de la Confédération jusqu'après la conclusion de la paix. Il ne resta à Pontarlier qu'une forte arrière-garde pour couvrir la retraite.

« La brigade du Trossel, du IIe corps, attaqua cette arrière-garde, prit la ville et suivit l'ennemi dans la direction du défilé la Cluse. Après un combat acharné et sanglant, l'embranchement des routes y fut occupé, malgré le feu des deux forts qui commandent le défilé et dont les canons et les mitrailleuses nous empêchèrent de pénétrer plus avant.

« Le combat ne cessa qu'avec l'obscurité. Nous y perdîmes 400 hommes. 4000 prisonniers et un nombre incalculable de voitures chargées d'approvisionnements, d'armes et de vivres tombèrent entre nos mains. Dès l'après-midi, Manteuffel établit son quartier-général à Pontarlier.

« Le lendemain la division Schmeling occupa le rayon de Pontarlier, et de concert avec le général Debschütz, qui s'était avancé jusqu'à Morteau, on procéda à l'évacuation des prisonniers en même temps que l'on débarrassait toutes les routes de la montagne des voitures et des débris de toute nature qui les encombraient. Les IIe et VIIe corps d'armée, ainsi que la brigade Goltz, se mirent en marche, dans la direction d'Arbois-Lons-le-Saulnier, pour purger le département du Jura des détachements ennemis ainsi que des troupes qui, dans la partie méridionale, avaient échappé à la catastrophe générale, pour en prendre possession complète, mission qui fut remplie en peu de jours et qui donna à nos troupes un repos bien mérité. La colonne de l'aile gauche du IIe corps d'armée qui, dans la montagne, passa par Mouthe, fit encore un grand nombre de prisonniers; elle prit, en outre, 9 canons et une grande quantité d'avant-trains et de bateaux.

« Les opérations de l'armée du Sud furent d'une courte durée, mais d'une importance décisive par le résultat. Dans les marches et les combats qui eurent lieu à Pontarlier et dans les environs, les IIe et VIIe corps d'armée enlevèrent 2 drapeaux, 28 canons et mitrailleuses, firent environ 15 000 prisonniers, parmi lesquels deux généraux. On se saisit, en outre, d'une quantité considérable d'approvisionnements, d'armes, d'effets, de vivres; les voitures prises étaient innombrables; dans les combats acharnés livrés près de Belfort et en poursuivant l'ennemi, le XIVe corps d'armée prit 2 drapeaux et fit 3 000 prisonniers.

« Mais tous ces résultats ne paraissent que d'un ordre secondaire, quand on songe qu'il n'a fallu que quinze jours de marche et des combats proportionnellement peu sensibles par les pertes pour dissoudre complètement cette armée ennemie forte de 150 000 hommes. Les opérations de notre armée du Sud ont privé la France de son dernier appui, sans causer à l'Allemagne l'embarras d'ajouter encore le noyau de l'armée de Bourbaki au nombre illimité de prisonniers qu'elle renfermait déjà. Nul doute que les négociations futures au sujet de la paix ne s'en ressentiront de la manière la plus avantageuse.

« C'est à la réalisation logique d'une pensée hardie, c'est aux efforts généreux de troupes braves et infatigables qui ont supporté et surmonté avec joie toutes les difficultés d'une campagne d'hiver, que nous devons des succès si grands et si féconds pour l'avenir.

« Un pied de neige couvrait la campagne dans les montagnes de la Côte-d'Or et du Jura, la gelée, des chemins couverts de verglas, une nourriture irrégulière, une chaussure défectueuse, toutes ces fatigues et toutes ces privations supportées pendant des marches de plusieurs lieues demandaient la plus grande abnégation de la part de nos troupes.

« Nos braves Westphaliens et Poméraniens n'ont point trompé l'attente de leur général, et c'est avec orgueil que la patrie contemple aussi cette portion de sa grande et valeureuse armée. »

Pour compléter autant que possible ce document, voici le texte de la convention passée avec le gouvernement helvétique au moment du passage de notre armée sur le territoire suisse :

« Verrières-de-Joux, 2 février 1871,
1 h. 45 m., matin.

Général Clinchant à Guerre. Bordeaux.

« Je vous envoie copie de la convention passée avec le gouvernement helvétique :

« Entre M. le général en chef de l'armée de la Confédération suisse et M. le général de division Clinchant, général en chef de la première armée française, il a été fait les conventions suivantes :

« 1º L'armée française, demandant à passer sur le territoire de la Suisse, déposera ses armes, équipements et munitions en y pénétrant;

« 2º Ces armes, équipements et munitions seront restitués à la France après la paix, et après le règlement définitif des dépenses occasionnées à la Suisse par le séjour des troupes françaises. Il en sera de même pour le matériel d'artillerie et les munitions ;

« 4º Les chevaux, armes et effets des officiers seront laissés à leur disposition. Des dispositions ultérieures seront prises à l'égard des chevaux de troupes ;

[Manquent les § 3 et 5 que l'on a demandés à Lyon, qui, paraît-il, n'a pas de communications avec Verrières.]

« 6º Les voitures de vivres et de bagages, après avoir déposé leur contenu, retourneront immédiatement en France avec leurs conducteurs et chevaux ;

« 7º Les voitures du Trésor et des postes seront remises, avec tout leur contenu, à la Confédération helvétique, qui en tiendra compte lors du règlement des dépenses ;

« 8º L'exécution de ces dispositions aura lieu en présence d'officiers français et suisses désignés à cet effet ;

« 9º La Confédération se réserve la désignation d'internement pour les officiers et pour la troupe ;

« 10º Il appartient au Conseil fédéral d'indiquer les prescriptions de détail destinées à compléter la présente convention.

« Fait en triple expédition, Verrières le 1er février 1871.

« CLINCHANT, Hans HERZOG.

« (Signé :) Général CLINCHANT. »

En terminant ce compte rendu des opérations fait par l'ennemi, on ne peut s'empêcher de remarquer que les journaux allemands s'élèvent tous contre l'ineptie complète de l'intendance française.

Les Suisses étaient émus de compassion à la vue de tant de soldats déguenillés et chaussés de sabots. Des milliers d'hommes tombaient d'épuisement sur la route et mouraient étouffés sous les pas de leurs compagnons qui n'éprouvaient plus aucune pitié pour ceux que la mort allait délivrer de tant de souffrances.

On ne saurait se faire l'idée du bon accueil fait à notre malheureuse armée de l'Est par les populations suisses. « A Fribourg et à Neufchâtel, écrit un Français, les chaudières immenses où l'on fabrique le fromage de Gruyères ont été transformées en chaudières à soupes, et ces soupes, les plus pauvres ont voulu les fournir et les servir eux-mêmes. On avait préparé, d'autre part, des marmites de vin chaud sucré, et des grandes dames de Neufchâtel ont veillé toute la nuit pour mieux recevoir, le matin, des Français. De toutes parts, on apportait des draps ; Mgr Marilley, évêque de Lauzanne, en a envoyé trente-deux paires. Il s'agissait de pouvoir coucher au plus vite les soldats atteints de la petite vérole, ou de convertir les draps en compresses pour panser les pieds gelés.

« C'est avec ces approvisionnements charitables que les dames du canton de Vaud, de Neufchâtel et Fribourg attendaient nos soldats à la frontière. Dès qu'ils ont paru, un immense cri de : *Vive la France !* leur a appris qu'ils entraient dans un pays ami ; l'armée française, ainsi accueillie, s'est prise à pleurer. Le cri : « Nous sommes vos amis, nous som-
« mes vos frères, » s'élançait de toutes les poi-

trines ; les enfants mêmes criaient : « Pleure pas,
« Français ! Nous t'aimons tous !... » Les pauvres
soldats qui avaient les pieds gelés, ne pouvant arriver jusqu'à la frontière, les Suisses l'ont franchie
pour aller à eux avec des brancards et du bouillon
chaud.

« A Genève, il n'y a que quinze cents Français,
tous simples soldats ou sous-officiers. Ils ont été
casés au *stand* de Carouge, au Templé neuf, au
palais électoral, à la filature. L'Etat les couche et
les nourrit. Ils sont chauffés et on les éclaire au
gaz.

« Les particuliers sont chargés de les habiller.
Chacun apporte ce qu'il peut, et plusieurs plus
qu'ils ne peuvent. De pauvres ouvrières donnent
leurs soirées et une part de leurs nuits pour leur
confectionner des chemises *gratis*. Les dames pro-
testantes y travaillent de leurs mains. La famille
Favre a donné à elle seule 20 000 francs pour nos
prisonniers.

« Tout cela se fait sans préjudice de l'œuvre organisée par Mgr Mermillod, pour venir en aide à
nos prisonniers d'Allemagne, auxquels le prélat a
dû envoyer déjà 210 000 francs. »

Le général Clinchant fut profondément touché de
cet accueil si sympathique, et, quelques jours avant
son départ de Neufchâtel, il adressait à M. le préfet de cette ville la lettre suivante, par laquelle il
exprimait à la Suisse, au nom de la France, sa
gratitude profonde pour l'accueil sympathique fait
à nos malheureux soldats :

« Neufchâtel, le 8 février 1871.

« Après avoir passé trois journées à Neufchâtel, où m'appelait le désir naturel de m'assurer par moi-même de l'état physique et moral d'une armée que j'ai commandée dans des circonstances pénibles, je ne veux pas m'éloigner de votre ville sans vous dire combien j'ai été touché du spectacle qu'elle m'a présenté.

« Je savais que l'hospitalité de la Suisse était proverbiale ; je suis sûr que les soldats français trouveront chez elle un accueil sympathique, mais il ne m'a encore été donné de le constater de mes yeux qu'à Neufchâtel, et je viens vous prier d'exprimer aux habitants de cette ville toute ma gratitude, au nom de la France, au nom de cette armée dont la fortune a trahi les efforts. Qu'ils sachent bien que nous garderons tous d'eux un durable souvenir et que notre cœur n'est pas ingrat.

« Agréez, etc.

« Le général commandant en chef
la Ire armée française,

« CLINCHANT. »

16 FÉVRIER

Il paraît que le général Garibaldi n'a pas été très bien accueilli à la Chambre ; il a donné sa démission de représentant, et un journal nous apporte ces deux lettres :

« Citoyen ministre de la guerre, Bordeaux.

« Ayant été honoré par le gouvernement de la Défense nationale du commandement de l'armée des Vosges, et voyant ma mission finie, je demande ma démission.

« Je vous salue,   « G. GARIBALDI.

« Bordeaux, 13 février 1871. »

Le gouvernement a répondu au général :

« Général,

« Le ministre de la guerre nous remet la lettre par laquelle vous nous donnez votre démission du commandement de l'armée des Vosges.

« En acceptant cette démission, le gouvernement a le devoir de vous adresser, au nom du pays, ses remerciements et l'expression de ses regrets.

« La France n'oubliera pas, général, que vous avez glorieusement combattu avec ses enfants pour la défense de son territoire et pour la cause républicaine.

« Agréez notre salut cordial et fraternel.

« *Les membres du gouvernement,*

« Jules SIMON, Em. ARAGO,

« E. PELLETAN, GARNIER - PAGÈS.

« *Le ministre de la guerre,*

« Général LE FLO. »

17 FÉVRIER

Hier, réquisition de 10 paires de semelles.

L'armistice est prolongé ; nous en sommes informés par ce billet :

A LA MAIRIE DE SENS

« La mairie est avertie par le présent que l'armistice a été prolongé jusqu'au 24 de ce mois, à midi ; il a été étendu sur toute la France.

« Von Marschall. »

Réclamation des ambulances : « 15 livres de bonne viande sont à livrer aujourd'hui en sus à la 6e ambulance du IIIe corps d'armée, attendu que la quantité de 55 livres était composée de plus d'un tiers d'os.

« Herckner,
« Inspecteur des ambulances. »

18 Février

Arrivée de 175 hommes et 15 officiers.

Les soldats du bataillon qui sont logés en ville depuis le commencement de l'armistice font, chaque jour, plusieurs heures d'exercice sur la place du Samedi et sur les promenades ; ils se font remarquer par une grande précision dans leurs mouvements, due surtout à la crainte qu'ils ont de leurs officiers : ceux-ci ne craignent pas de brutaliser leurs hommes, de les frapper même. Singulière discipline ! On dit qu'elle est supérieure à la nôtre ; elle ne la vaut pas. Les Prussiens battent leurs soldats pour les forcer à se battre ; chez nous, un soldat qui reçoit un soufflet de son capitaine et qui le tue est absous. C'est que l'honneur français s'indigne d'un affront reçu comme d'une honte, et d'un affront infligé sans péril comme d'une lâcheté.

Le secret de l'obéissance du Français consiste tout entier dans la conviction de la compétence et la supériorité de son chef.

Les distinctions de classes, les privilèges de naissance, ont perdu leur prestige. Le soldat n'obéira pas volontiers à un officier noble, s'il n'a pas d'autre titre que sa noblesse. S'il le croit brave et capable, il ne s'informera pas de sa naissance. Le rang, l'esprit de caste, si puissant en Angleterre et en Allemagne, peut encore, en France, inspirer la jalousie et la malveillance à beaucoup ; il n'impose plus le respect.

Chaque matin ont lieu des promenades militaires ; les soldats rentrent couverts de boue et leur premier soin est de changer de linge et de se nettoyer. Dans chaque quartier ils ont établi des ateliers de cordonniers et de tailleurs, au grand mécontentement des propriétaires qui voient affluer chez eux des centaines de soldats porteurs de bottes et d'effets d'habillement.

Les officiers ont préféré manger ensemble et avec leur commandant, ils prennent leurs repas dans le grand salon de l'hôtel de *Paris*.

Réquisition de 5 000 clous de semelle, de 15 bottes de paille pour le corps de garde de la gare.

19 Février

Arrivée de 262 hommes et de 2 officiers.

Nous apprenons que le gouvernement se constitue à Bordeaux ; le conseil des ministres est formé.

Le commerce du tabac de contrebande nous inonde de ses produits les plus variés. De grandes voitures à quatre roues stationnent sur la place Saint-Etienne, où la vente se fait au gros et au détail. C'est là que se fournissent de préférence les amateurs du bon marché, les colporteurs et nos petits marchands de tabac improvisés. Beaucoup de commerçants ne dédaignent point non plus cet article dont le débit rapporte, paraît-il, d'assez importants bénéfices. Le jour du marché, la vente se fait sur les trottoirs à tous les angles de la place et des rues adjacentes : le campagnard s'arrête émerveillé devant l'étalage, et, en présence de cette multitude de paquets de toutes nuances et dont les étiquettes lui parlent un langage inconnu, il hésite, ne sachant où arrêter son choix.

20 Février

L'affiche suivante, envoyée par la commandanture à la mairie, nous apprend qu'un nouveau préfet allemand est installé à Auxerre.

« PRÉFECTURE DE L'YONNE

« AVIS

« J'avertis les habitants du département de l'Yonne que S. M. l'Empereur d'Allemagne vient de me nommer, durant l'occupation militaire, Préfet du département, qui désormais fera partie du gouvernement général de Versailles. J'espère que toute personne, considérant les conséquences de la guerre, évitera le mieux possible chaque contrariété qui puisse me forcer contre ma volonté de prendre des mesures rigoureuses.

« Auxerre, 20 février 1871.

Le Préfet, GRUNLER,

« *Conseiller du Gouvernement de S. M. le roi de Saxe.* »

21 Février

M. Billebault expose aujourd'hui au conseil municipal qu'il vient d'être appelé (les Prussiens l'ont pris longtemps pour le maire), auprès du commandant de place qui lui a déclaré que ce n'était pas les notables que le conseil aurait dû convoquer pour répondre de la contribution pénitentiaire infligée à la ville pour une voiture de poste disparue, mais les membres du conseil qui n'ont pas voté l'emprunt nécessaire pour solder cette amende.

M. Billebault a répondu que le conseil s'était renfermé dans les termes de la loi du 18 juillet 1834, art. 42, en convoquant les plus forts contribuables de la ville pour avoir leur avis et aussi pour les prévenir de la demande faite par le commandant et des éventualités auxquelles ils se trouvaient exposés en cas de non-payement dans le délai fixé, mais que ces derniers auraient déclaré que cela regardait le conseil seul et qu'ils n'avaient pas d'avis à lui donner.

M. Billebault ajoute que les démarches auprès du commandant avaient un caractère malveillant, en laissant supposer que le conseil municipal cherchait à se retrancher derrière les notables pour répondre aux diverses charges imposées à la ville, et c'est pour éclairer les habitants que M. Billebault propose de publier l'avis suivant :

« Le conseil municipal pour protester contre les insinuations que certains esprits perfides et sans conscience cherchent à propager à leur profit, veut tout en rendant hommage à la vérité, rétablir les faits.

« Il y a près de trois mois, la ville a été frappée par l'autorité prussienne d'une contribution de plus de 150000 francs, pour une voiture de poste qui a disparu.

« Le commandant ayant déclaré que si ladite contribution n'était pas payée dans le délai de huit jours, il arrêterait et enverrait en Prusse comme otages douze personnes les plus riches de la ville, le conseil municipal qui a toujours été prêt à se dévouer et à accepter toutes les conséquences de la situation, regrettant que ce ne soit plus lui seul qui courût le danger, a cru devoir, par une convocation des plus imposés, en prévenir ceux qu'il supposait devoir être atteints par cette mesure.

« Cette fois, comme toujours, le conseil municipal a la juste prétention d'avoir fait son devoir, et il déclare qu'il n'est pas un de ses membres qui ne soit prêt à prendre la place de celui auquel la peur pourrait faire tenir un langage déloyal. »

Après cette lecture, M. Déligand déclare qu'il s'oppose de toutes ses forces à toute espèce de proclamation à ce sujet, quelle qu'elle soit ; il blâmerait, dit-il, toute personne autre que les membres de l'administration municipale qui interviendraient dans la question pendante entre la ville et la commandanture et qu'il considère comme un tort et comme une faute d'avoir invoqué les dispositions de l'article 42 de la loi du 18 juillet 1837 qui n'est nullement applicable dans l'espèce.

13

M. Déligand rend ensuite compte au conseil municipal de l'entrevue qu'il a eue avec le commandant chez lequel il a été convoqué ainsi que le maire et plusieurs notables de la ville.

Le commandant leur a déclaré que la ville ne voulant plus payer l'amende dont elle avait été frappée par le prince Frédéric-Charles, il avait reçu l'ordre de tirer au sort les noms de dix personnes parmi celles qui étaient présentes, et de les faire partir comme otages par le premier train du chemin de fer qui les mènerait en Prusse. Les billets portant leurs noms sont prêts, ajouta-t-il, et j'exige une réponse immédiate.

M. Déligand chargé de porter la parole au nom des personnes présentes répond alors qu'il proteste contre la mesure dont lui et ses collègues sont l'objet. « La ville, dit-il, ne doit point l'amende dont on l'a injustement frappée. Dans la pensée du conseil municipal comme dans celle du commandant Printz de Bouchau, le versement de la somme de 13 419 fr. 40, opérée le 7 décembre, l'a libérée définitivement. Elle est du reste dans l'impossibilité absolue de verser aucune somme, l'occupation prussienne ayant ruiné à la fois les fortunes particulières et les revenus communaux. » M. Déligand termine en disant qu'il demandait au besoin un sursis pour adresser un mémoire et même une députation au roi.

« Toute démarche nouvelle est inutile, lui répond le commandant. Les habitants de Pont-à-Mousson frappés d'une contribution n'ont pu en obtenir la remise du roi lui-même. Je vous accorderai une demi-heure de délibération après laquelle j'agirai avec vigueur. »

A ces mots, le commandant se retira laissant ces messieurs prisonniers dans le salon de l'hôtel. Après quelques instants de délibération tous furent d'avis qu'il fallait résister aux menaces de l'ennemi et se résigner même à être emmenés comme otages plutôt que de laisser frapper la ville d'une réquisition aussi dure et aussi exorbitante.

Une demi-heure s'était écoulée, le commandant revient. M. Déligand prend de nouveau la parole. Il lui expose encore une fois la situation malheureuse de la ville et de ses habitants, fait un récit développé de toutes les rigueurs dont elle avait déjà été victime. Il lui déclare que les menaces faites aux otages ne les feront pas fléchir dans l'accomplissement de leur devoir. « Pour ma part, dit-il, je me trouverais très honoré d'avoir été appelé à payer de ma personne dans l'intérêt de la ville, et je suis chargé par tous mes collègues de déclarer à M. le commandant qu'ils sont tous animés du même sentiment, qu'ils sont prêts à partir comme otages si l'autorité militaire allemande persiste dans l'exécution de sa requisition. »

« Je sais, répondit le commandant, dont l'attitude était devenue moins hautaine, je sais que la ville est *très malheureuse,* et je vais télégraphier à M. le général en chef de l'armée allemande pour lui faire connaître la situation. »

Il finit en invitant les personnes présentes à revenir le mercredi suivant, à 10 heures du matin, pour connaître la décision prise.

Dans cette situation, M. Déligand prie le conseil de ne pas prendre actuellement de délibération. Il est préférable à tous les points de vue, pense-t-il, de gagner du temps ; il faut éviter de compromettre une situation qui semble devenir plus favorable.

A propos de certaines insinuations malveillantes dirigées contre le conseil, M. Déligand déclare que le seul moyen de prouver à la population qu'il n'a voulu signaler plus particulièrement aucun habitant aux exactions prussiennes, est de décider que douze membres du conseil seraient adjoints aux douze citoyens choisis par le commandant, que leurs noms seraient tirés au sort et qu'ils se réuniraient, mercredi prochain, à la commandanture aux notables désignés pour être emmenés comme otages. Cette proposition est adoptée à l'unanimité des membres présents.

Le maire, après avoir mis dans une urne les noms de tous les conseillers municipaux actuellement en exercice, procède au tirage au sort, et les noms suivants sortent les premiers :

« MM. Querelle, Drouot, Lavoué, Déon Adrien, Biard, Cravoisier, Driat, Dupêchez, Déon Ulysse, Bodier, Bailly, Perrin ; plus deux supplémentaires : MM. Martin et Epoigny. »

Le bataillon logé en ville allait changer de logements ; les officiers trouvent que ces changements sont trop fréquents et s'en plaignent au commandant de place qui adresse à la mairie la note suivante en *français* :

« Par ordre du commandant point de militaire doit changer son logement jusqu'à nouvel ordre.

« Sens, 21 février.

« *Le commandant de place,*

« Von Marschall. »

22 Février

M. Deligand, par commission de M. le maire, expose au conseil que douze conseillers municipaux avaient été désignés par le sort dans la séance du 21 courant, à l'effet de se présenter comme otages, avec les notables choisis par le commandant prussien, pour répondre de la contribution infligée à la ville de Sens par le prince Frédéric-Charles.

« Le maire, dit-il, accompagné de MM. Querelle, Biard, Lavoué, Cravoisier, Dupéchez, Déon Ulysse, Bodier, Bailly, Perrin, Epoigny et Billebault se sont rendus, le 22 du présent mois, à 9 heures du matin, à la commandanture où se trouvaient, comme notables, MM. Froment, Sicardy, Cornisset fils, Simonet Constant, Deligand, Lorne-Baillot, de Canchy, Vinot et Vieille.

« Le commandant les reçut avec plus de bienveillance que lors de la première réunion. Il les informa que le général commandant lui avait répondu que M. le préfet allemand établi à Auxerre avait reçu plein pouvoir pour traiter avec les représentants de la ville de Sens et qu'il invitait les membres présents à choisir cinq conseillers municipaux et cinq notables pour aller discuter la question.

« Du côté des notables, le choix tomba sur MM. de Canchy, Sicardy, Simonet, Froment et Cornisset fils, et du côté des conseillers municipaux, sur MM. Robert, Dupêchez, Deligand, Querelle et Billebault. La députation s'adjoignit en outre, en qualité d'interprète, M. Dauphiné, professeur au lycée de Sens.

« Le commandant avait prévenu la députation qu'un laissez-passer lui serait délivré par ses ordres à la gare de Sens, et qu'il allait en outre envoyer une dépêche télégraphique au commandant de Joigny, afin qu'au moment de l'arrivée du train, des voitures fussent prêtes pour continuer le voyage jusqu'à Auxerre, où la députation devait parvenir vers 8 heures du soir.

« Par mesure de précautions, plusieurs membres de la députation avaient eu soin d'emporter quelques légers bagages, et dans la pensée de plusieurs d'entre eux le voyage d'Auxerre pouvait n'être que la première étape prussienne sur la route de France en Allemagne.

A 1 heure et demie, les voyageurs demandaient leurs billets à la gare, mais le commandant avait oublié le laissez-passer et ils durent retourner sur leurs pas. Le permis de circulation fut délivré dans l'après-midi, et le départ eut définitivement lieu à 4 heures du soir.

Arrivés à Joigny, quelques membres de la députation s'acheminèrent aussitôt vers la commandanture pour demander les voitures retenues par dépêche télégraphique et que l'on avait cherchées en vain aux abords de la gare. Un jeune officier à la mine souriante leur montra deux charrettes munies de bottes de paille, en s'excusant de n'avoir point d'autres voitures à mettre à leur disposition. On s'empressa de le remercier de son offre et de prendre congé de cet officier à la mine narquoise.

Il fallait se mettre en quête de voitures, la nuit était survenue et l'on se décida à coucher à Joigny.

Le préfet allemand était averti de l'heure de l'arrivée de la députation de Sens, on songea en conséquence à le prévenir par voie télégraphique du motif du retard, et une audience fut demandée à ce sujet au commandant de place qui se trouvait en ce moment à table à l'hôtel du *Duc-de-Bourgogne,* où la députation venait de descendre.

Cet homme, qui cachait son origine française (on le disait natif d'Aillant) sous une rudesse plus que germanique, ne répondit que par une brusquerie : « Je verrai, peut-être demain à 11 heures. » On ne l'importuna pas davantage.

23 Février

Le lendemain, à 7 heures et demie du matin, la députation partit pour Auxerre, où elle arriva vers 10 heures. On apprit, à l'hôtel du *Léopard,* que le préfet allemand, qui passait pour un homme très affable, avait attendu pendant deux heures, à l'hôtel, l'arrivée de la voiture, et qu'actuellement il attendait, d'heure en heure, la députation, à l'hôtel de la préfecture.

Quelques membres se détachèrent aussitôt pour prendre, à la mairie, tous les renseignements désirables sur la personne du préfet allemand, et pour demander si notre gouvernement avait adressé à l'autorité municipale d'Auxerre des instructions précises qui puissent être opposées aux exigences croissantes de l'ennemi.

Mais Auxerre, comme Sens, était abandonné à ses propres inspirations, et l'on se retira avec la conviction que la ville de Sens avait jusqu'ici agi vis-à-vis de l'ennemi avec une circonspection digne d'un chef-lieu.

Une autre entrevue eut aussi lieu avec le préfet français, M. Ribière, qui, du reste, ne put fournir aucun renseignement : il n'avait obtenu de rester à Auxerre qu'en donnant sa parole de ne plus s'occuper de l'administration.

A 1 heure, la députation se rendit à l'hôtel de la préfecture où elle fut reçue avec la plus grande politesse par le préfet allemand Grünler, qui invita les personnes présentes à prendre place sur des sièges disposés par lui-même autour de la table dont il vint occuper le centre. Puis, s'adressant à ces messieurs, il les pria d'être indulgents pour sa personne si les mots d'une langue qui lui était peu familière ne rendaient pas toujours exactement sa pensée. Venant ensuite au fait, il rappela qu'il avait reçu des ordres précis qu'il était obligé d'exécuter à son grand regret.

M. Déligand, chargé de porter la parole, fit, avec le talent qu'on lui connaît, un tableau saisissant des souffrances et des pertes de toutes sortes qui avait frappé notre malheureuse ville ; il démontra au préfet qu'elle n'était ni coupable, ni responsable du fait qui lui était reproché ; qu'elle avait déjà versé pour la prétendue valeur de dommage matériel causé aux Prussiens une somme de 13 419 fr. 40, qui avait été acceptée pour solde et règlement définitif ; qu'au surplus elle était dans l'impossibilité absolue de payer une nouvelle contribution, les ressources de la commune et des habitants étant entièrement épuisées par les passages et les séjours des troupes allemandes, et que, dans cette situation, les otages étaient disposés à se soumettre à la merci de l'autorité prussienne.

Le préfet répondit qu'il prenait réellement part aux malheurs de la ville, que, comme Saxon, il avait lui-même subi pendant quatre ans, dans son pays, les réquisitions prussiennes. Mais, ajouta-t-il, je n'ai pas imposé d'amendes et je n'ai, dès lors, aucun pouvoir pour en relever la ville de Sens. Il termina en conseillant de rédiger immédiatement une supplique qu'il adresserait au prince.

M. Déligand répondit que les membres présents n'avaient pas qualité pour agir au nom du conseil municipal dont ils n'étaient qu'une faible minorité. Il demandait en conséquence un sursis de quarante-huit heures pour rendre compte au conseil municipal et obtenir son adhésion.

Après une discussion de quelques instants, le

préfet consentit au sursis demandé et les délégués se retirèrent immédiatement pour reprendre la route de Sens où leurs familles et les habitants les attendaient avec une impatience facile à comprendre.

Le bataillon logé en ville est une lourde charge pour les habitants qui désireraient vivement loger d'une manière moins continue. La mairie a sollicité depuis deux jours le changement de logements militaires, le commandant consent enfin à la demande :

A LA MAIRIE DE SENS

« La mairie est avertie que les logements des militaires pourront être changés *demain*.

« L'officier fourrier viendra chercher les nouveaux billets de logement cet après-midi, à 2 heures.

« *Le commandant de place,*

« Von MARSCHALL. »

Il transmet encore à la mairie la note suivante :

« Suivant une dépêche que je viens de recevoir, l'armistice a été prolongé jusqu'au 26 février, à minuit, dont je prie la mairie de prendre note.

« *Le commandant de place,*

« Von MARSCHALL. »

Réquisition de 14 mètres de drap noir.

Hier, réquisition de 2 fourreaux pour outils du génie militaire.

25 FÉVRIER

A midi, les habitants de Sens voient avec surprise revenir tous les membres de la députation que l'on croyait déjà internés en Allemagne.

Dans l'après-midi, M. Déligand propose d'envoyer au prince Frédéric-Charles la lettre suivante :

« Monseigneur,

« Nous venons prier Votre Altesse de se rappeler que, le 14 novembre dernier, la ville de Sens avait en sa possession cinq voitures de poste et de télégraphe avec trente prisonniers, qui, grâce à l'énergie de l'administration de la ville, avaient été sauvés des mains de la population des campagnes surexcitée par des réquisitions extraordinaires et le pillage qui avait eu lieu la veille. Tous ces objets étaient d'une grande valeur à tous les points de vue pour votre armée, cependant nous n'avons pas hésité à les restituer et Votre Altesse a bien voulu même en féliciter l'autorité municipale par l'entremise de Son Excellence le général von Stiehl.

« Seulement, une sixième voiture, qui n'avait même pas traversé la ville, s'est égarée, et quoique la commune de Sens ne dût en être aucunement responsable, MM. les commandants Muller et de Printz nous firent savoir que Votre Altesse avait, pour ce fait, imposé la ville d'une contribution de 15 francs par habitant. Nous leur avons exposé la vérité, et, dans l'espoir que Votre Altesse accueillerait favorablement nos justifications, nous avons, d'après leur avis, versé, le 30 novembre et le 7 décembre dernier, entre les mains de M. le commandant Printz, la somme de 13 419 fr. 40 représentant la valeur estimative de la voiture perdue et à laquelle la contribution demeurait ainsi réduite d'après les quittances que nous produisons.

« Nous devions considérer dès lors l'affaire comme entièrement éteinte. lorsque nous avons reçu de M. le commandant Marschall, à la date du 9 de ce mois, l'injonction d'avoir à verser la somme de 126000 francs, comme solde de la contribution imposée à la ville. Nous avons été péniblement surpris, car nous avions le droit d'espérer que le souvenir de votre séjour à Sens et les félicitations que vous aviez exprimées vous auraient disposé pour nous à la plus grande bienveillance. Nous ajouterons que la ville de Sens est réduite à la détresse la plus complète par suite de l'occupation allemande qu'elle subit depuis près de quatre mois. Les ressources personnelles de ses habitants sont épuisées et la commune, qui a eu à supporter à la fois des réquisitions considérables en nature et en argent et de plus la nourriture et l'entretien de la garnison et de trois ambulances, ne peut disposer d'aucune valeur ni d'aucun crédit. Les droits d'octroi et de place sur les marchés sont anéantis et tout le pays est aujourd'hui frappé d'une ruine complète.

« Confiant dans votre justice et dans votre humanité, nous venons prier Votre Altesse de ne point exiger de la ville de Sens le paiement d'une contribution qu'elle ne doit à aucun titre et qu'elle serait, au surplus, dans l'impossibilité de payer.

« Recevez, etc.

« Nous joignons, à la présente, copie d'une attestation délivrée par le général de Budenbrock, ainsi que les deux reçus de la somme payée par la ville. »

Le conseil municipal accepte cette lettre.

Le maire ajoute que la lettre ainsi que les pièces à l'appui de la réclamation de la ville, devant être remises entre les mains du préfet allemand pour être adressées au prince Frédéric-Charles, pourraient être confiées à la poste, mais comme une convocation à la préfecture de tous les maires du département est faite par l'autorité prussienne, pour samedi prochain, à l'effet de s'entendre sur la répartition de la contribution de 5 millions imposée au département et sur le mode à employer pour la percevoir, il profitera de cette occasion pour remettre lui-même ces pièces au préfet allemand et pour écouter ses observations s'il croyait devoir en faire. Le maire demande, en outre, qu'un membre lui soit adjoint pour cette nouvelle mission. M. Biard est désigné à cet effet.

Réquisition pour les ambulances :

« 8 livres de graisse pour voitures.

« 12 — — pour harnais.

« 2 — de vernis —

> « *Le médecin chef,*
>
> « Baron DE FRANCK. »

25 FÉVRIER

Nous apprenons que la protestation contre le campement des troupes à Vernuche est parvenue au général du Temple. Le journal de la localité, la *Tribune nivernaise,* allait la reproduire, mais le général s'y opposa et ne permit que l'insertion de l'affiche avec cet avant-propos :

« Sens, 13 février 1871.

« Citoyen rédacteur de la *Tribune nivernaise,*

« Je vous adresse un exemplaire d'une affiche apposée par les Allemands sur les murs de notre ville.

« Elle démontre le joug sous lequel nous sommes placés, les soins et le confort que les généraux prussiens prodiguent à leurs soldats. Mais n'est-elle pas aussi un acte d'accusation contre les chefs de corps d'armée français, et ne fait-elle pas contraste avec la négligence de nos administrateurs militaires ?

« Un Abonné. »

(Suit l'affiche.)

Cet article était inséré dans le journal à la date du 19 février, et le jour même des ordres sévères défendaient, pour deux jours, l'entrée du camp à la *Tribune nivernaise.*

Les réquisitions faites par la poste prussienne sont toujours très nombreuses. C'est à grande peine qu'on trouve dans les magasins l'énorme quantité de cire à cacheter en bâton que réclame à tout instant le directeur de la poste. Un employé de la mairie invente un moule pour couler la cire en bâton. On achète en bloc de la cire de qualité inférieure et on réalise ainsi de notables économies.

La poste demande aujourd'hui : trois mains de grand papier, une livre de colle, un mille d'allumettes, dix livres de bougies, deux livres de poussière.

26 Février

Le bruit court que les conditions de la paix reposeraient sur les bases suivantes :

« Paiement d'une indemnité de guerre.

« Signature d'un traité de commerce très avantageux pour l'Allemagne.

« Neutralisation définitive de l'Alsace et de la Lorraine. »

Le commandant demande 100 enveloppes gommées, une boîte de plumes métalliques, 30 paquets de chandelles, 5 paquets de chandelles pour le poste de la place Saint-Étienne, 40 pour la caserne.

Le commandant de la gare demande, à son tour, et *sur-le-champ*, un paquet de bougies pour son bureau.

27 Février

La paix préliminaire est signée ; le commandant vient d'en informer la mairie qui fait afficher l'avis suivant :

AVIS

La mairie vient de recevoir à l'instant de la commandanture de cette ville la dépêche suivante :

« J'ai l'honneur de vous communiquer que j'ai reçu cette nuit le télégramme suivant :

« La paix préliminaire a été signée.

« Toutes hostilités doivent cesser.

« *Le commandant supérieur de la IIIe armée,*

« (Signé :) Von Gottberg. »

« Sens, 27 février 1871.

« Von Marschall. »

Les Prussiens sont dans la joie, ils espèrent bientôt retourner dans leur pays. Quant à nous, nous n'avons encore aucune communication officielle de notre gouvernement, ce silence nous pèse et nous attendons avec anxiété le résultat des négociations.

28 Février

Le bataillon logé en ville occupe encore les logements de la quatrième catégorie; il désire plus de confortable et le commandant transmet à la mairie la note suivante où il ne ménage guère certains conseillers municipaux qui se seraient exemptés, dit-on, du logement militaire. Disons que ceux des conseillers municipaux que des occupations incessantes retiennent à la mairie n'ont jamais voulu profiter de cette exemption, et que d'autres, à l'insu de l'autorité prussienne, logent assez souvent des militaires français.

A LA MAIRIE DE SENS

« La mairie est avertie que *samedi prochain* les militaires changeront de logements, l'officier fourrier cherchera les billets de logement vendredi dans l'après-midi.

« J'ordonne que les militaires soient logés *seulement* dans la première et deuxième catégorie, comme j'ai appris que beaucoup d'habitants des deux premières catégories n'ont point du tout logés de militaires jusqu'à maintenant. Seulement les EMPLOYERS de la mairie sont exceptés du logement militaire, les *conseillers ne le sont pas.* De plus c'est défendu que les gens riches logent leurs militaires, en payant pour eux, chez des gens pauvres.

« *Quand ces ordres ne sont pas exécutés* EXACTE-MENT *par la mairie, le bataillon se logera soi-même, dans les maisons* qui lui seront désignées.

« Sens, 28 février 1871.

« *Le commandant de place,*

« Von MARSCHALL. »

Dans l'après-midi, le secrétaire de la mairie, M. Lasnier, paie le traitement d'un demi-mois au fourrier de la cuisine Kruger qui va partir. Les employés voient avec plaisir le départ de cet homme exigeant et hypocrite, qui avait sans cesse la menace à la bouche et qui accusait la mairie alors qu'il frustrait les soldats casernés d'une partie des vivres qu'il détournait à son profit.

Nous apprenons avec douleur les conditions préliminaires de la paix : la cession de l'Alsace et d'une partie de la Lorraine avec Metz, 5 milliards d'indemnité de guerre; Belfort reste à la France.

Le but évident de la Prusse apparaît dans cet effroyable résultat de la guerre. Elle a voulu, du même coup, assouvir sa convoitise de peuple barbare et rapace, en enlevant à cette France, qu'elle jalouse et qu'elle hait, le joyau de ses provinces, et en la paralysant dans ses ressources financières par le paiement énorme d'une indemnité qui doit l'écraser.

Atteindra-t-elle son but? Non, quoiqu'on en dise; non, si nous savons calmer pendant quelque temps l'ardeur de nos passions politiques et puiser dans la pensée d'une vengeance éclatante la force d'âme

nécessaire pour rétablir l'ordre, le crédit et le travail.

1er MARS

Le maire informe aujourd'hui le conseil qu'il s'est
rendu à la réunion d'Auxerre provoquée par l'autorité prussienne, afin de lui fournir des renseignements sur le département, l'arrondissement et les
cantons auxquels appartiennent les personnes individuellement convoquées.

« Le préfet prussien, dit-il, nous a annoncé que
le général commandant le IIe corps d'armée ayant
prononcé une amende de 5 millions contre le département de l'Yonne, il avait fait une répartition
provisoire de cette contribution entre les communes
du département, qu'il demandait aux membres de
la réunion de lui faire connaître les réclamations
qu'ils auraient à faire valoir contre cette répartition
et de voir s'ils ne pouvaient contracter à ce sujet un
engagement au nom du département, qu'il allait se
retirer pour qu'ils pussent en délibérer. »

Le préfet s'étant retiré, la réunion, après en
avoir délibéré, arrêta à l'unanimité, les conclusions
suivantes :

« La décision de M. le général commandant le
IIe corps d'armée, laquelle a été rendue le 4 février,
c'est-à-dire depuis la conclusion de l'armistice, et
pour des faits en date du 25 février, c'est-à-dire antérieurs à cette conclusion, paraît à la réunion contraire au droit.

« L'occupation d'une province pendant l'armistice implique, pour l'occupant, le droit d'y nourrir ses troupes et d'y percevoir les contributions ordinaires, mais ne lui confère pas celui d'y imposer des amendes à raison de faits de guerre antérieurs à l'armistice.

« Cette distinction établie par M. le ministre des affaires étrangères du gouvernement français a été, selon la dépêche du 17 février courant, expressément reconnue par M. le chancelier de l'Allemagne du Nord.

« D'ailleurs, la décision de M. le général commandant le IIᵉ corps ne peut être que le résultat d'une erreur de fait, car elle est contraire à toute justice. La destruction des ponts de Laroche et de Crécy, qui a dû motiver cette décision, a été exécutée, non par les habitants du département de l'Yonne, mais, à leur insu, par une troupe régulière envoyée par le général français commandant la subdivision de Nevers et qui est arrivée par une marche de nuit. Le département ne pouvait donc être condamné pour des faits auxquels il est étranger, et qu'il n'a pas même connus avant leur exécution.

« En conséquence, la réunion se croit dans la nécessité de protester contre cette décision, et elle se réserve même de se pourvoir soit devant M. le chancelier de l'Allemagne du Nord, soit même, s'il est besoin, devant Sa Majesté l'Empereur d'Allemagne, et elle nomme pour ses délégués, à l'effet de soutenir ce pourvoi, MM. Challes, Flandin, Massot et Robert.

« La réunion ne peut donc prendre aucune part à la répartition que ferait ou qu'a faite M. le préfet de cette contribution extraordinaire.

« Et, à plus forte raison, la réunion ne peut prendre, au sujet de cette contribution, aucun engagement au nom du département.

« Elle n'a pour cela, d'ailleurs, aucun pouvoir.

« Les membres du conseil général qui ont été appelés à cette réunion, non à raison de ce titre, mais seulement nominativement, forment à peine le tiers de ce corps qui ne pourrait délibérer qu'autant que la moitié plus un de ses membres seraient présents, et les autres personnes convoquées, qui sont des maires de chefs-lieux de cantons, n'ont aucun pouvoir pour agir ni au nom du département, ni à celui de l'arrondissement, ni même à celui de leur canton, ni enfin au nom de leurs communes qui ne peuvent être légalement représentées que par leurs conseils municipaux.

« L'assemblée charge MM. les membres de la commission qu'elle vient de déléguer, de communiquer cette décision à M. le préfet. »

Le maire annonce ensuite qu'il a remis au préfet allemand la lettre destinée au prince Frédéric-Charles, ainsi que les pièces à l'appui, à l'effet d'obtenir la remise de la contribution de 150 000 francs. Le préfet, dit-il en terminant, était dans des dispositions bienveillantes à l'égard de la ville et a accepté les pièces sans faire d'observations.

Nous recevons aujourd'hui, par le *Journal officiel,* le texte des préliminaires de paix. L'importance historique de ce document exige que nous la reproduisions ici dans son intégrité :

PRÉLIMINAIRES DE PAIX

« Entre le chef du pouvoir exécutif de la République française, M. Thiers ;

« Le ministre des affaires étrangères, M. Jules Favre, représentant de la France, d'un côté ;

« Et de l'autre,

« Le chancelier de l'empire germanique, M. Otto de Bismarck Schœnhausen, muni des pleins pouvoirs de S. M. l'Empereur d'Allemagne, roi de Prusse ;

« Le ministre d'Etat et des affaires étrangères de S. M. le Roi de Wurtemberg, M. le baron Auguste Wachter ;

« Le ministre d'Etat, président du conseil des ministres de Son Altesse Royale Monseigneur le grand-duc de Bade, M. Jules Jolly, représentant de l'empire germanique ;

« Les pleins pouvoirs des deux parties contractantes ayant été trouvés en bonne et due forme, il a été convenu ce qui suit, pour servir de base préliminaire à la paix définitive à conclure ultérieurement :

« Art. 1er. — La France renonce, en faveur de l'empire allemand, à tous ses droits et titres sur les territoires situés à l'est de la frontière ci-après désignée.

|Suit une longue énumération des villes et villages pour la délimitation de la frontière. La Lorraine

presque tout entière, c'est-à-dire les quatre cinquièmes de la Lorraine restent à la France. Dans l'Alsace, la France conserve Belfort. Malheureusement, dans la Lorraine, elle perd Metz.]

« L'empire allemand possèdera ces territoires à perpétuité, en toute souveraineté et propriété. Une commission internationale, composée des représentants des hautes parties contractantes, en nombre égal des deux côtés, sera chargée, immédiatement après l'échange des ratifications du présent traité, d'exécuter sur le terrain le tracé de la nouvelle frontière, conformément aux stipulations précédentes.

« Cette commission présidera au partage des biens-fonds et capitaux qui, jusqu'ici, ont appartenu en commun à des districts ou des communes séparées par la nouvelle frontière. En cas de désaccord sur le tracé et les mesures d'exécution, les membres de la commission en référeront à leurs gouvernements respectifs.

« La frontière, telle qu'elle vient d'être décrite, se trouve marquée en vert sur deux exemplaires conformes de la carte du territoire formant le gouvernement général d'Alsace, publiée à Berlin en septembre 1870 par la division géographique et statistique de l'état-major général, et dont un exemplaire sera joint à chacune des deux expéditions du présent traité.

« Toutefois, le tracé indiqué a subi les modifications suivantes de l'accord des deux parties contractantes : dans l'ancien département de la Moselle, les villages de Marie-aux-Chênes, près de

Saint-Privat-la-Montagne et de Vionville, à l'ouest de Rezonville, seront cédés à l'Allemagne. Par contre, la ville et les fortifications de Belfort resteront à la France, avec un rayon qui sera déterminé ultérieurement.

« ART. 2. — La France payera à Sa Majesté l'Empereur d'Allemagne la somme de cinq milliards de francs.

« Le paiement d'au moins un milliard de francs aura lieu dans le courant de l'année 1871, et celui de tout le reste de la dette dans un espace de trois années, à partir de la ratification des présentes.

ART. 3. — L'évacuation des territoires français occupés par les troupes allemandes commencera après la ratification du présent traité de l'Assemblée nationale siégeant à Bordeaux.

« Immédiatement après cette ratification, les troupes allemandes quitteront l'intérieur de la ville de Paris, ainsi que les forts situés à la rive gauche de la Seine, et dans le plus bref délai possible, fixé par une entente entre les autorités militaires des deux pays, elles évacueront entièrement les départements du Calvados, de l'Orne, de la Sarthe, d'Eure-et-Loir, du Loiret, du Loir-et-Cher, d'Indre-et-Loire, de l'Yonne, et, de plus, les départements de la Seine-Inférieure, de l'Eure, de Seine-et-Oise, de Seine-et-Marne, de l'Aube et de la Côte-d'Or, jusqu'à la rive gauche de la Seine. Les troupes françaises se retireront en même temps derrière la Loire, qu'elles ne pourront dépasser avant la signature du traité de paix définitif.

« Sont exceptées de ces dispositions, la garnison de Paris, dont le nombre ne pourra pas dépasser 40 000 hommes, et les garnisons indispensables à la sûreté des places fortes.

« L'évacuation des départements situés entre la rive droite de la Seine et la frontière de l'Est par les troupes allemandes s'opèrera graduellement après la ratification du traité de paix définitif et le paiement du premier demi-milliard de la contribution stipulée par l'article 2, en commençant par les départements les plus rapprochés de Paris, et se continuera au fur et à mesure que les versements de la contribution seront effectués. Après le versement d'un demi-milliard, cette évacuation aura lieu dans les départements suivants : Somme, Oise et les parties des départements de la Seine-Inférieure, Seine-et-Oise, Seine-et-Marne, situés sur la rive droite de la Seine, ainsi que la partie du département de la Seine et les forts situés sur la rive droite.

« Après le paiement de deux milliards, l'occupation allemande ne comprendra plus que les départements de la Marne, des Ardennes, de la Haute-Marne, de la Meuse, des Vosges, de la Meurthe, ainsi que de la forteresse de Belfort avec son territoire, qui serviront de gage pour les trois milliards restants, et où le nombre des troupes allemandes ne dépassera pas cinquante mille hommes, Sa Majesté l'Empereur sera disposé à substituer à la garantie territoriale consistant dans l'occupation partielle du territoire français une garantie financière si elle est offerte par le gouvernement français dans des conditions reconnues suffisantes par Sa Majesté l'Empereur et roi pour les intérêts de l'Allemagne. Les trois milliards dont l'acquittement aura été différé porteront intérêts à cinq pour cent, à partir de la ratification de la présente convention.

« Art. 4. — Les troupes allemandes s'abtiendront de faire des réquisitions, soit en argent, soit en nature. Par contre, l'alimentation des troupes allemandes qui resteront en France aura lieu aux frais du gouvernement français, dans la mesure convenue par une entente avec l'intendance militaire allemande.

« Art. 5. — Les intérêts des habitants des territoires cédés par la France, en tout ce qui concerne leur commerce et leur droit civil, seront réglés aussi favorablement que possible lorsque seront arrêtées les conditions de la paix définitive. Il sera fixé, à cet effet, un espace de temps pendant lequel ils jouiront des facilités particulières pour la circulation de leurs produits. Le gouvernement n'apportera aucun obstacle à la libre émigration des habitants des territoires cédés, et ne pourra prendre aucune mesure atteignant leurs personnes ou leurs propriétés.

« Art. 6. — Les prisonniers de guerre qui n'auront pas été déjà mis en liberté par voie d'échange seront rendus immédiatement après la ratification des présents préliminaires.

« Afin d'accélérer le transport des prisonniers français, le gouvernement français mettra à la disposition des autorités allemandes, à l'intérieur du territoire allemand, une partie du matériel roulant de ses chemins de fer, dans une mesure qui sera déterminée par des arrangements spéciaux et aux prix payés en France par le gouvernement français pour les transports militaires.

« ART. 7. — L'ouverture des négociations pour le traité de paix définitif à conclure sur la base des présents préliminaires aura lieu à Bruxelles, immédiatement après la vérification de ces derniers par l'Assemblée nationale et par Sa Majesté l'Empereur d'Allemagne.

« ART. 8. — Après la conclusion et la ratification du traité de paix définitif, l'administration des départements devant encore rester occupés par les troupes allemandes sera remise aux autorités françaises ; mais ces dernières seront tenues de se conformer aux ordres que les commandants des troupes allemandes croiraient devoir donner dans l'intérêt de la sûreté, de l'entretien et de la distribution des troupes. Dans les départements occupés, la perception des impôts, après la ratification du présent traité, s'opèrera pour le compte du gouvernement français et par le moyen de ses employés.

« ART. 9. — Il est bien entendu que les présentes ne peuvent donner à l'autorité allemande aucun droit sur les parties du territoire qu'elles n'occupent point actuellement.

« ART. 10. — Les présentes seront immédiatement soumises à la ratification de l'Assemblée nationale française siégeant à Bordeaux et de Sa Majesté l'Empereur d'Allemagne.

« En foi de quoi, les soussignés ont revêtu le présent traité préliminaire de leurs signatures et de leurs sceaux.

« Fait à Versailles, le 26 février 1871.

« (Signé :) A. Thiers,
« J. Favre,
« (L. S.) (Signé :) V. Bismarck. »

« Les royaumes de Bavière et de Wurtemberg et le grand duché de Bade ayant pris part à la guerre actuelle, comme alliés de la Prusse, et faisant partie maintenant de l'Empire germanique, les soussignés adhèrent à la présente convention au nom de leurs souverains respectifs.

« Versailles, 26 février 1871.

« (Signé :) Comte de Bray-Stainburg,
« Baron de Wachter,
« Mittnacht,
« Jolly. »

« Certifié conforme à l'original,

« *Le ministre des affaires étrangères,*
« (Signé :) Jules Favre.

Nouvelle convention d'armistice

« Entre les soussignés munis des pleins pouvoirs de l'Empire d'Allemagne et de la République française, la convention suivante a été conclue.

« Art. 1er. — Afin de faciliter la ratification des préliminaires de la paix conclus aujourd'hui entre les soussignés, l'armistice stipulé par les conventions du 28 janvier et du 15 février est prolongé jusqu'au 12 mars.

« Art. 2. — La prolongation de l'armistice ne s'appliquera pas à l'article 4 de la convention du 28 janvier, qui sera remplacé par la stipulation suivante, sur laquelle les soussignés sont tombés d'accord :

« La partie de la ville de Paris, à l'intérieur de l'enceinte, comprise entre la Seine, la rue du Faubourg-Saint-Honoré et l'avenue des Ternes, sera occupée par des troupes allemandes dont le nombre ne dépassera pas 30000 hommes. Le mode d'occupation et les dispositions pour le logement des troupes allemandes dans cette partie de la ville seront réglées par une entente entre deux officiers supérieurs des deux armées, et l'accès en sera interdit aux troupes françaises et aux gardes nationales armées pendant la durée de l'occupation.

Art. 3. — Les troupes allemandes s'abstiendront à l'avenir de prélever des contributions en argent dans les territoires occupés. Les contributions de cette catégorie dont le montant ne serait pas encore payé seront annulées de plein droit : celles qui seraient versées ultérieurement par suite d'ignorance de la présente stipulation, devront être remboursées. Par contre les autorités allemandes continueront à prélever les impôts de l'Etat dans les territoires occupés.

« Art. 4. — Les deux parties contractantes conserveront le droit de dénoncer l'armistice à partir du 3 mars, selon leur convenance, et avec un délai de trois jours pour la reprise des hostilités, s'il y avait lieu.

« Fait et approuvé à Versailles, le 26 février 1871.

« (Signé :) V. BISMARCK.

« Fait et approuvé à Versailles, le 26 février 1871.

« (Signé :) A. THIERS,

« Jules FAVRE.

« Certifié conforme à l'original,

« *Le ministre des affaires étrangères,*

« (Signé :) Jules FAVRE. »

Les réquisitions de voitures deviennent plus nombreuses, avant-hier les Prussiens demandaient, au nom de l'humanité, des voitures pour le transport des malades, et au moment du départ ces mêmes voitures recevaient, au lieu de malades, des sacs de soldats et des instruments de musique.

Aujourd'hui le commandant demande une calèche pour conduire des officiers à Fontainebleau. Les Prussiens, dit-on, y font des courses. Le maire s'appuyant sur les prescriptions de l'article 4 du traité de paix refuse. La réquisition est réitérée dans la journée, nouveau refus. Vers 6 heures du soir, le maire, qui se trouvait avec MM. Biard et Dauphiné dans son cabinet, apprend tout à coup que toutes les issues sont gardées par des soldats qui ont reçu l'ordre de ne laisser sortir personne. Bientôt arrive, accompagné de l'interprète du commandant, le lieutenant-adjudant Cramer qui somme le maire de satisfaire à la réquisition, lui déclarant en même temps qu'en cas de refus il resterait prisonnier à la mairie.

« Je resterai votre prisonnier tant qu'il vous plaira, lui répondit le maire, puisque vous prétendez agir contrairement aux stipulations du traité de paix. »

La vivacité avec laquelle le maire venait de parler fut traitée d'inconvenance, et l'interprète prussien déclara au maire qu'il venait d'oublier à qui il parlait, qu'il était lui-même sous-officier dans l'armée allemande et qu'il avait droit au respect. « Je n'ai aucune observation à recevoir de votre part, lui dit alors le maire indigné ; il y a trop longtemps que vous oubliez les convenances vis-à-vis du personnel de la mairie ; vous oubliez, vous, sous-officier, que vous parlez au représentant de la ville de Sens, vous oubliez encore que je suis ici chez moi, que je suis le maître ici et que vous n'avez pas le droit d'y mettre les pieds. »

A ces mots, l'adjudant, prenant un air sévère qui ne lui était pas habituel, déclara que le maire resterait prisonnier et qu'il en référerait au commandant, puis il se retira. Deux heures se passèrent et déjà on songeait à prendre ses dispositions pour passer la nuit quand un habitant apporta la nouvelle que toutes les sentinelles avaient disparu ; messieurs les Prussiens s'étaient retirés comme ils étaient venus, avec la plus grande discrétion.

3 Mars

Nous apprenons par le *Journal officiel* que les mobilisés vont rentrer dans leurs foyers.

« GARDES NATIONALES MOBILISÉES

« Le Gouvernement a décidé le renvoi des gardes nationales mobilisées dans leurs foyers.

« Cette mesure ne souffrira d'autre délai que celui qu'exigent certaines mesures administratives
et les précautions à prendre pour que ce renvoi s'ef-
fectue avec ordre, au fur et à mesure que le per-
mettra l'encombrement difficilement évitable des
voies de communications. On travaille activement
dans ce sens.

« Les gardes nationales mobilisées voudront de
leur côté, nous l'espérons, répondre à cette sollicitude du Gouvernement, en observant, au moment
de leur licenciement et de leur retour dans leurs
foyers, l'attitude et le bon esprit que commandent
les circonstances actuelles. »

Ce matin, le commandant Printz, qui vient de revenir, se plaint à un conseiller municipal du refus
opposé par le maire aux réquisitions de voitures et
rappelle en même temps les ménagements dont il a
toujours usé envers la ville. Comme il ne s'agit
point d'une requisition de voitures de luxe pour les
courses de Fontainebleau, la mairie veut bien obliger le commandant dont elle a su en maintes circonstances apprécier les bonnes dispositions.

Les soldats logés en ville font partie du 1er bataillon du 1er régiment d'infanterie Posen, no 18;
ce sont des Polonais. Nous savons déjà par les faits
regrettables qui se sont passés dans notre ville
combien a dégénéré ce peuple dans lequel les
Prussiens n'estiment que la force brutale. La prison de la gendarmerie reçoit la réquisition suivante :

« La mairie est requise de faire mettre une nou-

velle serrure à la chambre d'arrêt de la gendarmerie.   « *Commandanture royale.* »

En vertu de l'article 4 du traité de paix, la réquisition est refusée et renvoyée à la commandanture.

4 Mars

Nous avons aujourd'hui sous les yeux un recueil
de poésies qui se trouve entre les mains de la plupart des soldats. Une note de ce recueil intitulé
l'Ami du soldat en campagne nous apprend qu'à la
fin de décembre il comprenait déjà 282 morceaux,
composés tous par les soldats mêmes de l'armée de
l'invasion. A défaut d'espace, ajoute la même note,
quelques centaines de morceaux n'ont pu être pu-
bliés, mais ils seront insérés au fur et à mesure
dans les livraisons mensuelles de *l'Ami du soldat*,
et l'auteur recevra comme par le passé la livraison
contenant son œuvre.

Nous nous contenterons d'indiquer les titres de
quelques-unes de ces poésies, inspirées par les circonstances : *A la diaconesse sœur Salomé; Ce qui
doit dégringoler dégringolera ; Aux bardes de 1813;
Germania ; le Jour d'honneur de la division de la landwehr Kummer ; Bougival ; le Maréchal de fer ; le
Général Schwarkoff au château de Versailles dans la
galerie des tableaux ; Contraste dans l'existence du
soldat ; Sur les hauteurs de Raincy ; le Bataillon de la
landwehr de Postdam à Epernay ; Rêves de Noël ;
Hourrah, camarades allemands,* etc.

Signalons encore une foule de publications reli-

gieuses envoyées incessamment à l'armée par la
Société biblique.

5 MARS

Nous apprenons que l'Assemblée nationale, dans
les circonstances douloureuses que traverse la patrie et en face des protestations et de réserves inat-
tendues, confirme la déchéance de Napoléon III et
de sa dynastie, déjà prononcée par le suffrage uni-
versel, et le déclare responsable de la ruine, de l'invasion et du démembrement de la France.

Des soldats de la caserne auraient, en plein jour,
emporté des matelas au chemin de fer ; le maire en
réfère au commandant :

MAIRIE DE SENS

« Sens, 5 mars 1871.

« Monsieur le commandant,

« J'ai l'honneur d'appeler votre attention sur
deux lettres de M. le proviseur du lycée signalant
des faits relatifs à la garnison qui s'y trouve canton-
née ; ces faits sont, notamment, l'enlèvement des
matelas par les militaires du petit quartier ; quant
à l'autre lettre, elle n'a pour objet que de signaler la
quantité de matelas, couvertures et sommiers qui
auraient été mis à l'usage des militaires cantonnés
à Sens soit au lycée, soit aux ambulances.

« Agréez, etc.

« *Le maire*, ROBERT. »

6 MARS

Rien à signaler dans notre ville. Nous lisons dans
le *Journal officiel* :

ÉVACUATION DE PARIS PAR LES PRUSSIENS

« L'entrée de l'armée prussienne à Paris a eu lieu le 1er mars, à 10 heures du matin. On nous avait donné le choix entre cette occupation momentanée et Belfort. Les plénipotentiaires ont pensé que Paris subirait encore cette douleur, pour sauver une forteresse qui protège la frontière de l'Est et qui vient de se couvrir de gloire.

« Les 30 000 Prussiens composant le corps d'occupation sont massés dans le bois de Boulogne et dans les Champs-Elysées. Un cordon de troupes françaises et de garde nationale les entoure. Aucun curieux ne s'est trouvé sur le passage du cortège; le quartier occupé semble isolé dans une ville morte. Les boutiques sont fermées, les drapeaux voilés, les femmes en deuil. Aucun journal n'a paru. Le temps est admirable; la foule qui parcourt les boulevards est triste, silencieuse, résignée.

« La ratification des préliminaires de paix a été portée à Paris par train spécial et transmise immédiatement à Versailles.

« Toutes les formalités nécessaires ayant été accomplies dans la journée du 2 mars, le corps d'occupation se retirera demain dans la matinée. L'empereur Guillaume n'aura pas quitté Versailles.

« Vendredi 3 mars, les Prussiens ont dû quitter, à 10 heures du matin, le quartier de Paris qu'ils occupaient.

« Pendant les journées du 1er et du 2 mars qu'a duré cette occupation, l'attitude de la population de Paris n'a pas cessé d'être calme et digne. »

Outre les publications déjà mentionnées plus haut, nous trouvons entre les mains des soldats prussiens *l'Album allemand de la guerre,* recueil de toutes les dépêches officielles, contenant aussi la biographie des personnages les plus marquants de la guerre actuelle.

La première livraison contient les deux proclamations du roi Guillaume à son peuple et à son armée au début des hostilités, plus vingt-sept dépêches du théâtre de la guerre.

La deuxième livraison comprend, outre les dépêches et quelques biographies, le fameux chant de la *Veillée du Rhin* et le chant national allemand : *Où est la patrie de l'Allemand.* Cet album d'un petit format est d'une utilité réelle pour le simple soldat qui ne reçoit point de journaux et qui resterait, sans cette publication, dans l'ignorance des faits accomplis.

7 Mars

Le maire donne communication au conseil d'une lettre émanée d'un membre de la famille de M. Rigault, lieutenant-colonel, tué sous les murs de Metz en défendant son pays, demandant à ce qu'on lui accorde un terrain contigu à celui où se trouvent inhumés les parents du défunt. Cette demande, dit-il, présente de grandes difficultés, en ce qu'elle dérange complètement l'ordre des carrés établis au cimetière. Cependant M. Rigault est un enfant de la ville; il s'est conduit avec tant de bravoure qu'il est à désirer que le vœu de la famille soit accueilli.

M. Déligand voudrait que la mémoire d'un citoyen comme M. Rigault fut honorée d'une façon plus grande encore et que la ville lui accordât un terrain à perpétuité. Ainsi, ajouta-t-il, la famille pourrait réaliser ses désirs les plus chers : de réunir dans un même caveau le père, la mère et le fils.

La proposition de M. Déligand est formulée de cette manière :

« Le conseil,

« Considérant que M. Rigault, lieutenant-colonel, natif de Sens, tué au siège de Metz, a illustré sa ville natale par ses exploits et sa conduite héroïque sur tous les champs de bataille où il a été présent ;

« Qu'il est du devoir du conseil municipal d'encourager de tout son pouvoir les enfants de Sens qui se distingueraient par leur mérite ou par des actes de dévouement ;

« Décide qu'il est accordé à perpétuité une concession gratuite dans le cimetière pour la fondation de la sépulture de M. Rigault, lieutenant-colonel, tué au siège de Metz. »

La proposition est adoptée à l'unanimité. Ajoutons que plus tard, sur la proposition de M. Buzy, professeur au lycée, la rue du Cheval-Rouge reçut le nom de la rue Rigault.

Le maire donne communication au conseil d'une lettre qu'il a adressée au préfet et qui est conçue en ces termes :

« Les pays occupés ou traversés par les troupes allemandes retournant en Prusse ne doivent pas supporter les dépenses de nourriture de ces troupes ; tout au plus pourraient-ils être astreints à leur fournir le logement militaire dans les conditions ordinaires.

« En effet, l'article 4 du traité de paix est ainsi conçu :

« Les troupes allemandes s'abstiendront de faire des réquisitions soit en argent, soit en *nature* dans les départements occupés ; par contre, l'alimentation des troupes allemandes qui resteront en France aura lieu aux frais du gouvernement français dans la mesure convenue avec l'intendance allemande. » Or les dépenses de leur nourriture ne seraient-elles pas une véritable réquisition en nature, exercée individuellement sur chaque habitant ou même collectivement sur chaque commune? Admettons, en effet, que l'autorité municipale ou que les habitants eux-mêmes refusent de fournir cette nourriture, ou ne puissent y satisfaire à défaut de ressources en nature ou en argent, l'exigence de la troupe allemande se transformerait alors en véritable réquisition, ce qui serait tout à fait contraire à l'esprit comme au texte du traité de paix.

« D'un autre côté, le deuxième paragraphe de l'article 4 précité, en disposant que l'alimentation des troupes allemandes *qui restent en France* aura lieu aux frais du gouvernement français, implique logiquement que l'alimentation des troupes *qui ne restent pas* doit avoir lieu aux frais du gou-

vernement allemand. Dans tous les cas, ce ne serait ni aux communes, ni aux habitants, mais bien
au gouvernement français à y pourvoir, et ce serait alors à lui seul que l'autorité allemande devrait
s'adresser.

« La justice, la raison et le droit des gens repous-
sent donc toute application contraire et l'administration municipale de Sens entend maintenir son
refus et le faire respecter. »

Le maire ajoute qu'il a envoyé à Auxerre un exprès chargé de lui rapporter la réponse dans le plus
bref délai.

M. Billebault regrette que la lettre n'ait pas été
communiquée au conseil avant son envoi. Quant à
lui, il ne partage pas l'avis de M. le maire sur l'interprétation de l'article 4 du traité; toutefois, du
moment que cette démarche devra amener des
éclaircissements, il la trouve bonne au fond.

M. Déligand croit que le conseil doit approuver
simplement la lettre expédiée; la nourriture donnée
aux troupes devant être considérée comme une réquisition en nature.

Le conseil réserve la question jusqu'à l'arrivée de
l'exprès.

L'exploitation de la ligne de Lyon va être rendue
à la compagnie française. Il y a quelques jours,
M. Tantôt, chef de la voie, recevait l'avis suivant :

A LA STATION DE SENS

« A M. Tantôt, chef de la voie, appartenant à
l'administration française.

« Monsieur Duboys, l'ingénieur, vous charge par moi de faire retourner à leur poste tous les employés de la ligne et des gares, surtout entre Sens et Moret.

« WOLF, *inspecteur du mouvement.* »

Aujourd'hui la même personne reçoit les notifications et prescriptions suivantes :

CONDITIONS

« 1° Avant de commencer toute espèce de travail de réparation, avis doit en être donné au chef de la voie, qui en donnera la permission. Ladite permission ne sera accordée que dans le cas où la réparation de la voie pourra facilement être déterminée jusqu'au passage du premier train arrivant ;

« 2° Le travail sera toujours contrôlé par un chef de la voie, ou par un de ses employés ;

« 3° Pendant l'exécution du travail, un gardien, ayant à la main un drapeau rouge, se tiendra à une distance de 500 pas du côté du train arrivant afin de donner le signal en cas de nécessité ;

« 4° De même, avis de l'exécution des terrains doit être donnée à la station précédente ;

« 5° Tous les travaux sont exécutés aux frais de l'administration française, sans aucun secours de notre part ;

« 6° Dans le cas où on agira contre les conditions ci-dessus énoncées, que les employés ne se conformeront pas aux prescriptions ci-dessus, les travaux seront arrêtés et avis en sera donné ici.

« Moret, 7 mars 1871.

« SCHNEBEL. »

Les troupes allemandes vont retourner dans leur pays. Des passages importants vont avoir lieu à Sens. Le commandant signale aujourd'hui, pour le 15 courant, l'arrivée d'une première colonne de 4000 hommes.

A LA MAIRIE DE SENS

« Je préviens la maire que le 11 de ce mois un régiment d'infanterie (3000 hommes) arrivera à Sens, qui restera ici le 12 et quittera la ville le 13; de plus, une colonne de pontons, un train de ponts, une compagnie de pontonniers, une ambulance.

« En tout, le nombre serait de 4000 hommes, 500 chevaux, qui devront être logés et nourris.

« Sens, le 4 mars 1871.

« *Le commandant de place,*

« Von MARSCHALL. »

Malheureusement pour notre ville, ces troupes ont fait séjour et ne sont reparties que le 14.

Conformément aux clauses du traité de paix, la garnison de Chéroy ne fait plus de réquisitions, mais elle entend être nourrie aux frais de la commune. Le maire, qui n'a point d'argent, est dans le plus grand embarras et adresse au sous-préfet de Sens la lettre suivante:

« Chéroy, le 7 mars 1871.

« Monsieur le sous-préfet,

« J'ai l'honneur de vous exposer que la garnison prussienne de Chéroy composée de 5 officiers, 195 sous-officiers et soldats et 24 chevaux, ne fait plus aucune réquisition depuis cinq jours, conformément aux clauses du traité de paix. La commune de Chéroy, dont la population est de 880 habitants, ne peut nourrir à ses frais cette garnison. Il m'est impossible, faute d'argent, de trouver des vivres pour les hommes et pour les chevaux. Je me trouve ainsi dans le plus grand embarras et je ne sais pas comment je pourrai en sortir.

« Je viens, monsieur le sous-préfet, vous prier de me faire connaître, par le retour du courrier, quelles sont les mesures que je dois prendre en cette circonstance. Veuillez aussi m'indiquer la ration journalière d'un cheval, en foin, paille et avoine.

« J'attends, de votre obligeance, monsieur le sous-préfet, une réponse aussi prompte que possible qui puisse me tirer d'embarras.

« Dans cette attente, j'ai l'honneur d'être avec respect, monsieur le sous-préfet, votre très humble et très respectueux serviteur.

« Le maire de Chéroy,

« Fauvillon. »

Arrivée de 5 officiers, 23 soldats, 100 voituriers, 169 chevaux.

On annonce 3 000 hommes pour demain.

8 Mars

Arrivée de 73 officiers, dont 1 général, 2 colonels, 3 077 hommes, 239 chevaux.

Les chevaux sont nombreux, toutes les écuries de la ville sont remplies. Le commandant n'est pas sans inquiétude au sujet du fourrage et il s'informe de nouveau de l'installation du magasin.

A LA MAIRIE DE SENS

« Au sujet du magasin à fourage, que la ville doit établir à Sens, j'aurais encore à faire quelques observations.

« Le plus simple serait de charger un marchand de blé, par exemple M. Mathé-Gaillard, rue des Porcelets, n° 10, d'acheter du fourage et d'établir chez lui le magasin où les troupes viendront chaque jours chercher le fourage pour leurs chevaux *contre un reçu,* le reçu doit être payé, d'après la convention, par l'Etat français.

« Je prie de me faire parvenir *encore aujourd'hui* une réponse *par écrit,* de quelle manière la ville pense arranger cette affaire.

« Sens, le 8 mars 1871.

« *Le commandant de place,*
« Von MARSCHALL. »

De nombreux malades sont évacués par le chemin de fer, de là cette nouvelle réquisition, où, de rechef, les chevaux ne sont pas oubliés :

A LA MAIRIE DE SENS

« Je préviens la mairie que ce soir, à 9 heures et demie, arrivera un train de 600 malades, qui resteront la nuit dans les coupés, mais il faut que la ville soigne qu'ils trouvent de la soupe chaude avec du pain à 9 heures et demie à la gare.

« De même, il faut leur livrer demain matin, à 5 heures, du café chaud et du pain.

« La mairie est priée de m'indiquer l'endroit où se trouve le magasin duquel nos troupes pourront recevoir leur fourage pour les chevaux. Il faut que la mairie soigne qu'il y ait toujours pour 400 chevaux de fourage par jour.

« Sens, le 8 mars 1871.

« *Le commandant de place,*

« Von MARSCHALL. »

9 MARS

Arrivée de 151 officiers, 5 647 soldats, 576 chevaux. Parmi les officiers supérieurs se trouvent deux généraux, dont l'un est le général Fabeck. Ces troupes feront séjour demain. Nous apprenons avec plaisir que le bataillon du 1er régiment de Posen, n° 38, logé en ville depuis le 5 février, fait partie de cette division et partira avec elle. Ce bataillon a aujourd'hui un effectif de 963 hommes. Il va sans dire que tout le monde loge aujourd'hui. Dès le matin, la mairie a l'intention de publier cet avis :

MAIRIE DE SENS

Avis

« Les habitants de cette ville sont prévenus qu'aujourd'hui arrivent à Sens, pour partir demain, des militaires de l'armée allemande qui seront logés et nourris chez les particuliers ; que le conseil municipal a décidé que les personnes qui n'auraient pas de quoi les nourrir pourront faire prendre du pain et de la viande à la mairie, en présentant leur billet de logement.

« Sens, le 9 mars 1871.

« Pour le maire,

« *L'adjoint faisant fonctions,* ROBERT. »

10 MARS

La grande question de l'approvisionnement des troupes allemandes est toujours débattue dans les localités situées sur les routes de l'étape prussienne. Le maire de Joigny demande à ce sujet des renseignements à son collègue de Sens :

A monsieur le maire de Sens

DÉPARTEMENT DE L'YONNE

MAIRIE DE JOIGNY

« Monsieur et cher collègue,

« J'ai l'honneur de vous prier de vouloir bien me dire comment il sera pourvu à Sens à l'approvisionnement des troupes allemandes (hommes et chevaux) qui passeront dans notre ville pour retourner en Allemagne.

« Veuillez agréez, monsieur et collègue, l'expression de mes sentiments les plus distingués.

« CHAUDOT.

« Joigny, le 10 mars 1871. »

La mairie de Sens s'est adressée au chef-lieu pour le même objet ; on lui écrit ce qui suit :

DÉPARTEMENT DE L'YONNE

CABINET DU SECRÉTAIRE GÉNÉRAL

« Monsieur le maire,

« J'ai l'honneur de vous informer que monsieur le préfet vient de télégraphier de nouveau, à Bordeaux, pour savoir par qui et dans quelles conditions doivent être fournis des approvisionnements aux troupes allemandes de passage dans le dépar-

tement. Cette question est d'autant plus importante
que des passages considérables sont annoncés sur
tous les points, à Auxerre même, où une colonne
est annoncée pour lundi. Vous pouvez être assuré
que, sitôt qu'une réponse sera venue de Bordeaux,
je m'empresserai de vous la communiquer. En attendant une solution, les communes feront bien
de se préparer à fournir des approvisionnements
aux troupes allemandes de passage, se réservant de
se faire désintéresser plus tard, s'il y a lieu.

« Recevez, monsieur le maire, l'assurance de
mes sentiments très distingués.

« MOISET. »

Le général de Fabeck est logé à la sous-préfecture. Le commandant Printz qui a repris ses fonctions adresse la note suivante à la mairie :

« La mairie de Sens est priée de soigner que le
lit du général, à la sous-préfecture, soit garni de
linge (draps de lit, etc.), de même, il manque du
bois au logement du général.

« *Le commandant de place,*
« PRINTZ. »

L'encombrement est tel que beaucoup de soldats
ne trouvent plus où se coucher, le commandant
fait afficher cet avis :

« Les militaires qui n'ont point de lits dans leur
logement n'ont qu'à se rendre à la caserne, où il y
en a de préparés.

« *Commandanture royale,*
« Baron DE PRINTZ. »

11 Mars

Arrivée de **115** officiers, 3 879 soldats, 205 chevaux.

Conformément à l'avis affiché et publié par l'autorité municipale, les personnes nécessiteuses viennent chercher à la mairie le pain et la viande destinés aux soldats qu'ils logent. L'attente étant parfois assez longue, les ménagères viennent d'aviser un moyen plus expéditif; elles se font accompagner par leurs soldats, et, arrivées dans la cour, elles les chargent d'aller aux provisions avec leur panier. Sous les yeux de leurs hôtesses, nos soldats rivalisent d'efforts pour percer la foule qui se presse aux abords du vestibule de la grande salle où a lieu la distribution. Aujourd'hui, l'affluence est telle que des cris tumultueux s'élèvent. On craint des rixes, et le commandant Printz qui en est prévenu arrive aussitôt. D'une voix tonnante, il renvoie les militaires qui se retirent tout confus, et, de sa botte, administre aux retardataires un châtiment dont l'exécution rapide prouve la verdeur de sa vieillesse et excite l'étonnement joyeux des spectateurs de cette scène étrange et comique.

Pour maintenir l'ordre, le commandant plaça aussitôt des sentinelles aux abords du lieu de distribution, et, une heure après, la mairie reçoit la note suivante :

« La compagnie de la landwehr aura désormais un piquet consistant en :

« 1 sous-officier, 6 hommes, à la mairie, et le

sous-officier est autorisé à faire des arrestations où les circonstances l'exigeront.

« Sens, 11 mars 1871.

« Commandanture royale,
« *Lieutenant-adjudant,*
« CRAMER. »

12 MARS

Arrivée de 14 officiers, 146 soldats et 164 chevaux.

Le *Nouvelliste de Berlin* raconte que le comte de Bismarck est arrivé à Francfort le 9 courant et qu'il a été vivement acclamé à l'entrée du train en gare. Il était d'humeur gaie et plaisantait avec ses anciennes connaissances en attendant le moment de repartir. « Le temps a été splendide en France, disait-il, les arbres sont déjà couverts de feuilles, et d'autres même sont en fleurs, mais à *Metz le climat est déjà tout allemand.* » Il parla des sacrifices que la guerre avait coûté à Francfort, et disait que les régiments de la Hesse et de Nassau avaient, certes, dû voir le feu de près. « Le séjour de nos troupes, en France, nous garantit, affirmait-il, le paiement prochain de l'indemnité. Vous ne pouvez vous faire idée, ajouta-t-il, combien les Français ont hâte de nous savoir hors du pays. Nous n'avons occupé qu'une porte de Paris parce que nous ne voulions plus sacrifier un seul homme. Mais je crois que l'Assemblée nationale, à qui l'occupation de Paris pesait, eût préféré nous voir occuper Paris tout entier et désarmer les 600 000 gardes nationaux. »

Il remonta en voiture ; des cris de : « Vive le restaurateur de l'Allemagne ! » se firent entendre et le train se remit en marche, emportant le plus grand homme d'Etat que, depuis bien longtemps, il ait été donné de voir à l'Allemagne et au monde entier.

13 Mars

Arrivée de 8 officiers, 189 soldats, 7 chevaux.

L'évacuation se fait, paraît-il, assez rapidement, certaines troupes ne s'arrêteront pas à Sens.

La mairie devra seulement leur fournir des vivres au passage :

A LA MAIRIE DE SENS

« La mairie est prévenue que, demain soir, à 8 heures 40 minutes, arrivera un train avec 38 officiers, 109 militaires.

« La mairie est prié de soigner qu'il y ait un souper froid, consistant en de la viande, du pain et du vin, et du beurre.

« Sens, le 23 mars 1871.

« La commandanture,

« *Lieutenant - adjudant*,

« CRAMER. »

Le commandant va faire vendre des chevaux de réforme ; il écrit à la mairie la note suivante, que nous reproduisons textuellement :

« A LA MAIRIE DE SENS

« La mairie est prié de faire publier par le tambour de ville, qui sera payé par moi, qu'une enchère aura lieu.

« *Le 15 de ce mois le matin à 10 heures* dans la cour de la *gensd'armerie*. Trois chevaux de service prussiens, qui ne peuvent plus faire service, seront vendus à celui qui paiera *sur-le-champ* le plus haut prix.

« Sens, le 13 mars 1871.

« *Le commandant de place,*
Baron de PRINTZ. »

Deux habitants, les sieurs G... et D..., se prenent de querelle avec des Prussiens dans l'auberge du sieur F... « Nous, leur disent-ils, nous sommes Français, nous irons chez vous avant que vous ne soyez rentrés, nous vous casserons la g... Vous emportez des lauriers que vous n'avez pas gagnés. »

Les sieurs R... et P... qui jouaient ensemble au billard, entendant cette discussion, se retirent.

Peu après les Prussiens mettaient les querelleurs à la porte.

A la même heure (10 heures du soir), une autre scène se passait en face de l'entrepôt entre un habitant du faubourg d'Yonne et deux hussards prussiens qui, malgré leurs sabres, auraient été frappés assez grièvement par ledit habitant, lequel était armé d'un manche à balai.

Nos braves Prussiens exaspérés auraient alors cherché du renfort et se seraient portés sur le pont.

Le sieur Ranvoizé qui s'en retournait à Gron fut malheureusement pris par eux pour l'homme armé du manche à balai et reçut sans provocation aucune deux coups de sabre qui ont mis sa vie en danger.

14 Mars

Arrivée de 17 officiers, 188 soldats, 6 voituriers, 31 chevaux.

Vers 10 heures du soir, un hussard frappe lâchement de deux coups de sabre un habitant inoffensif que Bacchus ne protège guère en cette circonstance.

15 Mars

Les ambulances vont être évacuées, et celle de Saint-Savinien est supprimée aujourd'hui. Destinée comme on le sait aux typhiques à cause de son éloignement du centre de la ville et de son orientation, elle n'a vu mourir entre ses murs que 11 soldats.

Le chemin de fer français est rétabli, mais les Prussiens gardent encore la télégraphie.

1907 soldats, 384 chevaux, sont arrivés aujourd'hui.

Un officier de l'intendance vient à la mairie discuter la question de la nourriture des troupes de passage.

L'interprète chargé de porter la parole au nom de la mairie discute les stipulations de l'article 4 du traité de paix et lui déclare que la mairie n'entend pas considérer les troupes de passage comme troupes d'occupation et les traiter comme telles. Sur la demande de l'officier qui désire en référer à son général, remise lui est faite du journal relatant les clauses du traité de paix.

16 Mars

La ville de Sens est encombrée de soldats; c'est

certainement le plus fort de tous les passages, peut-être est-ce aussi un des derniers. Nous logeons aujourd'hui 121 officiers, dont 2 généraux, 8 550 soldats et 636 chevaux.

On ne sait plus où trouver d'écuries disponibles ; mais, les Prussiens qui ne préviennent jamais la mairie du jour ni de l'heure du départ de leurs chevaux font adresser par le commandant à la mairie la note suivante, en français :

A LA MAIRIE DE SENS

« En réponse au billet de M. le maire, il faut que je remarque qu'il y a au faubourg Saint-Pregts une écurie pour 500 chevaux, de même il y a une grande écurie au faubourg d'Yonne.

« Il faut que je prévienne la mairie que si le général aura cause de se plaindre de la ville, 6 bataillon seront logés dans la ville au frais de Sens.

« Un officier s'est plaint d'un employé de la mairie, cet employé sera mis en arrêt sur-le-champ, quand il aura encore la moindre plainte à son égard.

« Sens, le 16 mars 1871.

> « *Le commandant de place,*
> « Baron DE PRINTZ. »

L'officier plaignant n'est autre que le grossier baron Eikanstein, qui, pendant le second jour de l'occupation, traitait les Français de canailles. Il voulait obliger l'employé à renvoyer deux officiers de la maison Cornisset pour y loger deux princes de Hesse, et M. Compérat avait refusé. Il eut l'impudence de les renvoyer lui-même. Noblesse oblige...

Nous apprenons avec plaisir que le IXe corps se nourrira à ses frais, grâce à la fermeté avec laquelle l'article 4 du traité de paix a été maintenu le 15 du courant.

MAIRIE DE SENS

Logements militaires

Avis

Les habitants de cette ville sont informés que les militaires allemands faisant partie du IXe corps de passage, actuellement à Sens, se nourriront à leurs frais, et qu'ils n'auront à leur fournir que le logement, le coucher et place au feu et à la chandelle, et les ustensiles pour leur cuisine.

« Sens, le 16 mars 1871.

« Pour le maire,
« ROBERT. »

La préfecture nous donne communication du résultat de ses démarches au sujet de la nourriture des troupes de passage :

DÉPARTEMENT DE L'YONNE

CABINET DU PRÉFET

« Auxerre, le 16 mars 1871,

« Monsieur le maire,

« Les passages de troupes allemandes dans le département de l'Yonne, depuis la ratification des préliminaires de paix, ont fait naître au sujet de la subsistance de ces troupes diverses difficultés dont je me suis hâté de saisir le gouvernement par des télégrammes envoyés à Bordeaux et à Paris. J'ai reçu hier soir de M. le ministre des affaires étrangères une dépêche ainsi conçue :

« Les conventions mettent les subsistances des « troupes allemandes à la charge de l'intendance « française. Si les municipalités sont forcées de « faire des fournitures en nature, elles se feront don- « ner des bons et seront remboursées. *Écrivez donc* « au ministre de la guerre, il vous *enverra* un inten- « dant pour subvenir à ces nécessités. »

« En attendant que, dans l'Yonne, l'intendance puisse être organisée en vue du service dont il s'agit, je ne saurais trop vous engager, monsieur le maire, si dans votre commune des subsistances ont été ou doivent être fournies aux troupes allemandes, à constater aussi régulièrement que possible l'importance et le prix de ces fournitures, afin que les avances ainsi faites par les municipalités puissent leur être remboursées intégralement.

Recevez, monsieur le maire, l'assurance de ma considération très distinguée.

« *Le préfet de l'Yonne,*
« H. Ribière. »

17 Mars

Les passages se succèdent sans interruption ; aujourd'hui arrivent encore 27 officiers, 992 soldats, 42 chevaux.

Nous savons déjà que le IXe corps qui va passer par Sens se nourrira à ses frais. Nous apprenons, en effet, que des approvisionnements considérables de vivres sont en gare, et, ce matin, l'intendance allemande a loué un certain nombre de fours des boulangers de la ville et retenu pour les nuits suivantes le grand four que la mairie avait fait construire pour cuire le pain destiné aux nécessiteux.

Les ouvriers boulangers sont arrivés; ils sont déjà à l'œuvre et cuisent un pain noir mélangé de son qui n'affriande guère messieurs les Prussiens qui ont pris goût à notre excellent pain blanc de France. La distribution générale des vivres aura lieu chaque matin à des places déterminées.

Pour assurer le transport des vivres, le maître payeur du IXe corps adresse à la mairie la note suivante :

DEUXIÈME BATAILLON

Premier régiment de l'infanterie de la Hesse

« Nous avons besoin pour demain matin :

« *a*. Une voiture avec un cheval, pour amener la farine à la boulangerie à 4 heures du matin.

« *b*. Quatre voitures chacune avec un cheval pour chercher les vivres à 8 heures du matin.

« Les voitures tout près devant la mairie.

« Sens, le 17 mars 1871.

« KRAFT, *Maître payeur*. »

Les employés de la télégraphie prussienne partent aujourd'hui.

A trois heures, séance du conseil municipal.

Le maire fait la proposition suivante :

« Considérant que, depuis l'occupation de la ville

par l'ennemi et tant qu'elle a duré, M. Dauphiné, professeur de langue allemande au lycée de Sens, n'a cessé de se prodiguer avec un zèle, un patriotisme et une abnégation dignes des plus grands éloges en défendant les intérêts de la ville en qualité d'interprète de l'administration municipale, du con·seil et des habitants auprès des militaires prussiens;

« Voulant donner à M. Dauphiné un témoignage de sa vive et sympathique reconnaissance :

« Décide que M. le maire est autorisé à faire choix d'un objet de prix pour être offert en souvenir à M. Dauphiné, au nom de la ville de Sens.

« Expéditions de la présente délibération seront adressées : 1º à M. Dauphiné; 2º à M. le ministre de l'instruction publique; 3º à M. le recteur; 4º à M. l'inspecteur d'académie ; 5º à M. le proviseur du lycée. »

La proposition mise aux voix est acceptée à l'unanimité.

M. Licois demande à l'administration municipale si c'est par suite de refus fait par elle de délivrer des billets de logements que les militaires prussiens se sont logés eux-mêmes, en marquant arbitrairement à la craie sur chaque habitation le nombre de soldats que les particuliers auraient à recevoir.

M. Dupêchez répond qu'au moment d'établir le logement, les officiers ont émis la prétention de désigner eux-mêmes les maisons où ils seraient logés. L'administration refusa en disant que cela n'était pas possible, attendu que les maisons désignées étaient déjà occupées par des officiers, tandis que d'autres dont ils ne voulaient pas étaient libres pour leur logement. Les officiers persistèrent dans leurs prétentions et se retirèrent en déclarant qu'ils allaient en référer au commandant de place. Ils ne revinrent pas prendre les billets et le lendemain ils procédèrent comme l'on sait.

Le conseil décide que le maire voudra bien se charger d'écrire en son nom une lettre au commandant pour lui témoigner le regret que lui causait une pareille manière de procéder et pour demander qu'à l'avenir les militaires soient logés par billets de logement, comme auparavant.

Selon la décision du conseil, le maire envoie au commandant la lettre suivante :

MAIRIE DE SENS

« Sens, le 17 mars 1871.

« Monsieur le commandant,

« Le conseil municipal, dans sa séance de ce jour, m'a chargé de vous informer qu'on tient à la mairie des billets de logement à la disposition des militaires allemands qui arriveront dorénavant, et qu'il a été péniblement surpris que l'on ne se soit pas présenté dans les bureaux pour le logement de ce jour qui s'est fait au moyen d'indications à la craie mises à la porte de chaque habitation, sans avoir égard à ce qu'elle pouvait contenir.

« Veuillez agréer, monsieur le commandant, l'assurance de mes sentiments distingués.

« *Le secrétaire du conseil,*

« BIARD-JEANDEL. »

Le commandant répond aussitôt :

« J'ai pris connaissance du contenu de cette lettre, et j'enverrai dorénavant les fourriers à la mairie pour prendre les billets de logement. Les militaires se sont logés eux-mêmes par mon ordre, comme la mairie ne voulait plus suffire à mes instructions.

« Le commandant de place,
« Von Marschall. »

A 2 heures de l'après-midi a eu lieu le départ de la garnison du lycée. Les soldats, en signe de joie, ont orné de feuillage leurs schakos. C'est à tort qu'on les avait pris pour les Polonais qui, le 2 janvier, avaient tiré sur le peuple.

Ces derniers étaient partis le 11 du courant, lors du départ de leur régiment (1er régiment de Posen, no 18). Ils avaient laissé la caserne dans un état de malpropreté horrible, et la landwehr prussienne qui les remplaça, passait de longues journées à poursuivre un ennemi invisible qui profitait des ombres de la nuit pour la surprendre dans son sommeil. Grâce à l'esprit de droiture du capitaine et à celui de ses subordonnés, on n'eût plus à regretter les faits déplorables analogues à ceux dont la garnison précédente s'était rendue coupable.

18 Mars

Arrivée du duc de Mecklembourg, avec 51 officiers, 166 soldats, 71 voitures, 463 chevaux. Le prince est logé chez M. de Canchy.

C'est demain dimanche : les troupes feront séjour. Dans l'après-midi, les officiers visitent la cathédrale ; ils pénètrent dans le chœur où quelques dilettantes ne peuvent résister à la tentation d'y toucher les orgues.

Dans l'après-midi, la mairie reçoit la note suivante :

A LA MAIRIE DE SENS

« La mairie est priée de faire transporter douze fauteuils à l'église protestante, dans la rue des Canettes, comme Son Excellence le général Mannstein désire entendre demain matin le sermon.

« Sens, 18 mars 1871.

« Le commandant de place,
« Von Marschall. »

19 Mars

Le duc de Mecklembourg et le général de Mannstein, accompagnés de leur état-major, se sont rendus, aujourd'hui dimanche, au temple évangélique pour y entendre le sermon.

20 Mars

Arrivée de 21 officiers, 447 soldats, 483 chevaux.

Nous apprenons avec douleur que la guerre civile vient d'éclater à Paris où un nouveau gouvernement de la République se pose en face de celui de Versailles. Ainsi se réalisent les prévisions d'un ennemi qui a hâte d'assister à la ruine complète, au suicide de la France.

On lit dans le *Journal officiel :*

« Paris, le 19 mars 1871.

« Garde nationale de la Seine,

« Gardes nationaux de Paris,

« Un comité prenant le nom de Comité central, après s'être emparé d'un certain nombre de canons, a couvert Paris de barricades et a pris possession, pendant la nuit, du ministère de la justice.

« Il a tiré sur les défenseurs de l'ordre; il a fait des prisonniers, il a assassiné de sang-froid le général Clément-Thomas et un général de l'armée française, le général Lecomte.

« Quels sont les membres de ce comité?

« Personne à Paris ne les connaît; leurs noms sont nouveaux pour tout le monde. Nul ne saurait même dire à quel parti ils appartiennent. Sont-ils communistes, ou bonapartistes, ou Prussiens? Sont-ils les agents d'une triple coalition? Quels qu'ils soient, ce sont les ennemis de Paris qu'ils livrent au pillage, de la France qu'ils livrent aux Prussiens, de la République qu'ils livreront au despotisme. Les crimes abominables qu'ils ont commis ôtent toute excuse à ceux qui oseraient ou les suivre ou les subir.

« Voulez-vous prendre la responsabilité de leurs assassinats et des ruines qu'ils vont accumuler? Alors demeurez chez vous! Mais si vous avez souci de l'honneur et de vos intérêts les plus sacrés, ralliez-vous au gouvernement de la République et à l'Assemblée nationale.

« *Les ministres présents à Paris,*

« Dufaure, Jules Favre, Ernest Picard, Jules Simon, amiral Pothuau, général le Flo. »

Le personnel prussien va quitter la gare ce matin à 8 heures. Dès 6 heures, MM. Dupêchez, Aubry et l'interprète ont procédé, en présence du chef de gare, à l'inventaire des fournitures prêtées par la mairie et dont ils accusent réception par l'acte suivant :

« Les soussignés certifient que le chef de gare de l'armée allemande nous a remis tous les objets faisant partie de l'inventaire fait contradictoirement avec lui à la gare du chemin de fer, objets fournis par la mairie de Sens.

« Sens, 20 mars 1871.

« F. Aubry, Dupêchez. »

22 Mars

Arrivée de 78 officiers, dont un général, 313 soldats, 356 chevaux.

D'après le dire des officiers, les grands passages seraient terminés ; quelques faibles détachements seuls suivraient.

Nous recevons aujourd'hui la dépêche suivante :

« Versailles, 21 mars, 2 heures et demie après midi

« Citoyens et soldats,

« Le plus grand attentat qui se puisse commettre chez un peuple qui veut être libre, une révolte ouverte contre la souveraineté nationale, ajoute, en ce moment, comme un nouveau désastre à tous les maux de la patrie.

« Des criminels, des insensés, au lendemain de nos revers, quand l'étranger s'éloignait à peine de nos champs ravagés, n'ont pas craint de porter dans ce Paris qu'ils prétendent honorer et défendre plus que le désordre et la ruine : le déshonneur. Ils l'ont taché d'un sang qui soulève contre eux la conscience humaine, en même temps qu'il leur interdit de prononcer ce noble mot de République, qui n'a de sens qu'avec l'inviolable respect du droit et de la liberté.

« Déjà, nous le savons, la France entière repousse avec indignation cette entreprise odieuse. Ne craignez pas de nous ces faiblesses morales qui aggravent le mal en pactisant avec les coupables. Nous vous conserverons intact le dépôt que vous nous avez commis pour sauver, organiser, constituer le pays. Ce grand et tutélaire principe de la souveraineté nationale, nous le tenons de vos libres suffrages, les plus dignes qui furent jamais. Nous sommes vos représentants et vos seuls mandataires, c'est par nous, c'est en votre nom, que la moindre parcelle de notre sol doit être gouvernée ; à plus forte raison, cette cité héroïque, le cœur de notre France, n'est pas fait pour se laisser surprendre par une minorité factieuse.

« Citoyens et soldats,

« Il s'agit du premier de nos droits, c'est à vous de le maintenir et de faire appel à vos courages, nous réclamons donc une énergique résistance. Vos représentants sont unanimes, tous à l'envi, sans dissidences, nous vous adjurons de vous serrer étroitement autour de cette Assemblée, votre œuvre, votre image, votre espoir, votre unique salut.

« Pour copie :

« *Le président du conseil, chef du pouvoir exécutif de la République française,*

« A. Thiers. »

Ce soir, on distribue aux abonnés le journal *le Sénonais* qui, depuis l'occupation de la ville par les Prussiens, avait préféré suspendre sa publication, plutôt que de se soumettre à la censure du commandant de place.

23 Mars

Les grands passages sont terminés, il n'est arrivé aujourd'hui que 2 officiers, 33 soldats et 8 chevaux.

La commandanture, qui va partir incessamment, envoie à la mairie l'avis suivant :

A LA MAIRIE DE SENS

« La mairie est prié d'envoyer demain, à une heures, le tapicier à la commandanture, qui a fourni les meubles, lits, etc., pour loger les officiers, pour qu'il puisse recevoir tous ces objets, comme nous ne sommes plus responsables après notre départ.

« Sens, le 23 mars 1871.

« *La Commandanture.* »

24 Mars

L'ambulance du grand séminaire est supprimée. Le petit nombre de malades qui s'y trouvaient encore ont été transportés en chemin de fer pour être renvoyés dans leurs foyers. Il ne reste plus en ville qu'un détachement d'escorte pour le départ de la commandanture.

25 Mars

Le commandant est parti avec tout son personnel. Un soupir de soulagement s'exhale de toutes les poitrines, nous étions enfin délivrés du joug odieux qui, depuis cinq mois, pesait sur nous.

Toutefois, il faut l'avouer, le baron Printz n'était point, pour notre ville, un ennemi terrible ; son âge avancé, ses cheveux blancs, ses manières simples, inspiraient la confiance, et on le croyait généralement bon. Dans l'intérêt des habitants, il s'efforçait, autant que possible, d'atténuer la gravité des délits, parfois même, il se laissait désarmer par le rire. Un jour, il y eut perturbation grave dans la transmission des dépêches télégraphiques. Recherches faites, on découvrit qu'un élève du lycée, nommé Pommot, avait opéré une dérivation du courant au moyen d'un fil de fer dérobé à une sonnette. Les employés du télégraphe avaient pris la chose au sérieux et M. Billebault se chargea de raconter au commandant l'acte d'étourderie commis par un élève en quête d'expériences sur les courants électriques. Le commandant ne put garder son sérieux, il rit, et l'affaire en resta là.

Il plaignait les malheureux que la guerre privait des ressources de leur travail. Les Prussiens avaient eu grand soin de le répéter parmi le peuple.

Dès le soir de leur première journée, les ouvriers employés aux travaux de réparation du chemin de fer vinrent exiger, de la mairie, un salaire qu'elle ne pouvait payer que tous les trois jours, par suite du manque de fonds. En cas de refus, ils menaçaient d'en référer au commandant prussien, qui saurait bien forcer la mairie à payer *sur-le-champ*.

N'oublions pas que plusieurs d'entre eux étaient depuis longtemps inoccupés et participaient avec leurs familles à la distribution des vivres faite aux nécessiteux.

Deux capitaines et un lieutenant-adjudant assistaient le commandant dans ses fonctions. Un sous-officier lui servait d'interprète.

Le capitaine Marschall qui, pendant quelque temps, remplissait les fonctions de commandant de place, en l'absence du baron Printz, était un homme de quarante-cinq ans environ ; des yeux enfoncés, un nez aquilin fortement prononcé, annonçaient la dissimulation et la rapacité. C'était, comme on l'a dit, une véritable figure d'oiseau de proie.

Le capitaine X..., officier de justice, était un homme d'une complexion robuste, au teint brun, à la barbe noire, fumant toujours et partant toujours muet. A lui devait incomber la direction du service de l'espionnage, et, hâtons-nous de le dire, il n'eut aucune peine pour recruter son personnel. De malheureux charretiers lorrains, exposés à toutes espèces de privations, accablés de mauvais traitements, cherchaient souvent à se dérober au service odieux que leur imposait l'ennemi, et dans notre ville de Sens il se trouvait des Français, indignes de ce nom, qui dénonçaient leurs tentatives d'évasion à l'autorité prussienne.

Venait ensuite le lieutenant-adjudant Cramer, c'était un petit homme de trente-cinq ans, déjà presque chauve, un air sémillant et visant à l'élégance des mœurs françaises. Bon violoniste, diton...

Venait enfin le sous-officier interprète du commandant, à qui sa large face ronde, ornée de gros yeux ronds à fleur de tête, avait valu le surnom caractéristique de Chinois.

C'était un jeune engagé volontaire de vingt ans, infatué de l'importance de sa personne qui disparaissait dans d'énormes bottes à la prussienne. C'est lui qui rédigeait en français germanique, avec une inconvenance rare, les nombreuses demandes de réquisitions émanées de la commandanture. Son père, R..., était, assure-t-on, originaire de Clamecy, marchand de bœufs sur le marché de Paris, d'où il se serait enfui, à la suite d'une faillite plus ou moins frauduleuse pour se réfugier en Allemagne.

On ne voit plus de Prussiens dans notre ville, qui est revenue à la tranquillité et au calme de ses jours d'autrefois. De tous les services prussiens, il ne reste plus que celui des postes, dont le départ est fixé à demain matin.

Un premier Berlin de la *Gazette de la Croix* nous apprend que c'est Dieu qui a donné la victoire à la bonne cause représentée par l'empereur Guillaume, que c'est la puissance de la Prusse qui soutient l'Allemagne, qu'il s'agit de faire une guerre acharnée contre les principes de 1789 si l'Allemagne, ou plutôt l'empire allemand, doit rester dans la plénitude de sa force, que l'idéal politique, pour la douce et rêveuse Allemagne, doit résider dans la force brutale des armes. L'égoïsme de l'empire germanique ne s'inquiète pas, comme on le voit, des conséquences fatales de ces principes pour la sécurité des autres États. Nous donnons ici la traduction de cet article qui révèle à l'Europe les tendances du nouvel empire germanique :

LA COURONNE IMPÉRIALE ALLEMANDE A ÉTÉ CONQUISE
DANS UNE GUERRE LÉGITIME

« C'est là un fait historique qui prime toutes les discussions de partis. Et puisque c'est Dieu, notre Seigneur, qui a accordé la victoire à la bonne cause, nous avons le double droit de saluer notre roi comme empereur et comme élu par la grâce de Dieu.

« De plus, la couronne impériale a été conquise par le glaive de la Prusse. Non que nous veuillons déprécier la coopération de nos alliés, mais il reste pourtant historiquement établi que cette coopération si précieuse est le résultat des victoires de la Prusse en 1866, — vérité qui n'a nullement besoin d'être déguisée à nos adversaires d'autrefois, devenus aujourd'hui nos fidèles alliés, vérité reconnue par eux-mêmes, et cela à leur grand honneur.

Or si tout empire est conservé par la force qui l'a créé, nous concluons que c'est la puissance de la *Prusse* qui porte et maintient l'empire allemand. Et, disons-le en toute vérité, c'est la puissance de la Prusse non comme puissance de famille, mais, dans un sens plus élevé, comme noyau de la puissance allemande en général. Il s'agit, par conséquent, avant toutes choses, de ne point laisser la Prusse s'absorber en Allemagne, mais bien plus de la conserver dans la plénitude de sa force.

« Ce n'est point là du chauvinisme à l'usage particulier de la Prusse, c'est du patriotisme allemand parce que c'est du patriotisme prussien.

« C'est jusqu'ici que nous accompagnent les *libéraux*, du moins les libéraux prussiens qui n'ont pas encore inscrit sur leurs drapeaux le cosmopolitisme sans patrie. Mais, ici, les chemins se bifurquent.

« Le libéralisme dit plus ou moins ouvertement : les principes de 1789 (ou leur parodie, les principes de 1848) ont contribué à notre victoire ; il faut les cultiver et les perfectionner afin d'établir solidement l'unité allemande.

« Nous disons, au contraire : ce sont les principes de 1789, contre lesquels nous faisons une si rude campagne et qu'il nous faut combattre sans cesse dans toutes les directions, dans l'Eglise et dans l'Etat, dans la famille et dans la société civile, et de la manière la plus énergique, si l'élément allemand et surtout si l'empire allemand doit prospérer.

« Ici se présente tout d'abord un grand fait, qui se rapporte parfaitement à notre démonstration tant par son évidente clarté que par le rapport direct qu'il a avec la situation actuelle.

« Que serions-nous maintenant sans notre armée. Et que serait notre armée si, à l'époque où notre roi maintenait son œuvre toute personnelle : la réorganisation de l'armée, d'une main ferme contre une majorité à courtes vues, les idées de 1789 ou de 1848 avaient triomphé des anciennes traditions de la Prusse? Notre landwer, que maltraitait alors l'opposition comme prétexte, témoigne précisément contre celle-ci, elle qui, dans toute cette guerre, partout où l'occasion se présentait, — devant Metz, Strasbourg, Schlestadt et Belfort, comme aussi, récemment, dans les Thermopyles de Montpelgard, — maintenant bien haut, côte à côte avec la ligne, la gloire du nom prussien. Mais notre landwehr est ce qu'elle est, — le corps de vétérans le plus estimable d'une armée bien instruite, — et cela tout essentiellement par la réorganisation de l'armée par le roi.

« En un mot, la devise : « Avec l'aide de Dieu « pour le roi et la patrie, » ne doit jamais tomber dans l'oubli; elle devra même, sous l'empereur, rester l'expression de notre vote.   « V. P. »

(Extrait de la *Gazette de la Croix.)*

26 Mars

Ce matin, à 6 heures, la mairie procède, en présence du directeur des postes prussiennes, à l'inventaire des objets fournis par la ville. A 7 heures et demie, les fourgons de la poste se mettent en marche ; avec eux disparaissent les derniers représentants de l'invasion allemande.

Bien que l'étranger ne soit plus à Sens, n'oublions pas qu'il est toujours dans notre patrie et que les populations des départements voisins souffrent encore de la pire des douleurs : de l'occupation d'un vainqueur arrogant. N'oublions pas que les blessures du pays sont encore saignantes, et profitant de l'expérience que nous a donné le séjour de l'ennemi parmi nous, n'ayons plus qu'un but : hâter l'œuvre de la réorganisation et de la guérison de la France.

VILLE DE SENS

*Charges de toute nature résultant de l'occupation de l'armée
ennemie*

Contribution de guerre payée	21 419 fr. 35
Réquisitions en nature	78 291 85
Dégâts de toute espèce	36 594 22
Objets mobiliers enlevés.	20 757 65
Frais de nourriture et de logement pour les soldats nourris et logés par la ville . .	231 032 21
Frais de nourriture et de logement pour les soldats nourris et logés par les habitants .	453 956 75
Total	842 052 fr. 03

*Tableau récapitulatif des passages de troupes allemandes
à Sens*

	Officiers	Soldats	voituriers	chevaux
Novembre	778	29 816	6 649	5 309
Décembre	623	16 492	1 879	3 290
Janvier	250	4 343	1 346	3 1s7
Février	71	1 740	75	162
Mars.	785	27 295	4 181	3 995
Total. . . .	2 507	79 692	8 130	17 873

Dans ces totaux ne sont pas compris les soldats qui, tant
au mois de novembre qu'au mois de mars, se sont logés
sans billet de logement. On peut, sans exagération, en porter le nombre à 30 000.

L'INVASION ALLEMANDE

DANS LES COMMUNES

DE L'ARRONDISSEMENT DE SENS

BAGNEAUX

Une maison inhabitée par suite d'un décès récent a été pillée; tout ce qui n'a pu être emporté, comme glaces, tableaux, vaisselle, etc., a été brisé.

Au secrétariat de la mairie, où les soldats avaient établi un poste, plusieurs pièces importantes ont été prises.

BRANNAY

L'ancien maire pour avoir refusé de se soumettre aux exigences d'un soldat a été frappé et forcé d'abandonner sa maison pendant vingt-quatre heures. Une autre personne, pour les mêmes causes, a été frappée, menacée d'être fusillée et enfermée sous un toit à porc pendant quarante-huit heures.

CHÉROY

La position de Chéroy, sur la route directe de Metz à Orléans, par Troyes et Sens, à 24 kilomètres de Sens et de Nemours, fut cause que les

Prussiens choisirent pour chef-lieu d'étape cette commune qui ne compte guère que 880 habitants et que les réquisitions de toute nature qu'elle eut à subir furent considérables.

Le 17 novembre, 1500 hommes annoncés la veille par 60 cavaliers, arrivèrent à Chéroy et furent logés et nourris par les habitants. Le prince Frédéric-Charles et les officiers de son état-major dinèrent à l'hôtel de l'*Ecu,* mais il paraît qu'ils avaient moins d'appétit qu'à Sens, car la commune qui paya ce dîner princier n'eut à débourser que 350 francs.

Le 18 novembre arrivèrent 2000 hommes, commandés par le général de Fabrice. Quoique nourris par les habitants, ils firent tuer cinq vaches et en demandèrent pour le lendemain matin trois autres tuées et deux vivantes et 1000 kilos de pain. Ils demandèrent aussi 250 sacs d'avoine et 165 kilos de porc salé qui leur furent livrés avant leur départ. Le soir, vers 9 heures, un colonel se fit remettre les armes déposées à la mairie et les fit brûler dans la cour; à minuit, ce même officier vint sommer la mairie de lui livrer immédiatement un voiturier qui, après avoir renversé des soldats prussiens qu'il conduisait, avait pris la fuite; il voulait, disait-il, le faire fusiller le lendemain sur la place publique. A force de prières, le colonel s'apaisa, mais il força le maire à faire annoncer aux habitants l'arrivée pendant la nuit de deux nouvelles compagnies et exigea qu'une lumière fut mise à chaque fenêtre des maisons pour éclairer les soldats à leur arrivée. L'annonce faite à son de caisse effraya les habitants qui durent obéir, mais les soldats n'arrivèrent pas.

Le 20 novembre arrivèrent de nouvelles troupes. Pour venir en aide aux habitants malheureux, la municipalité logea une partie des soldats dans les établissements publics et dans les maisons vides où elle les fit nourrir aux frais de la commune. Le maire courut de sérieux dangers pour n'avoir pas voulu leur donner tout le vin et le cognac qu'ils demandaient.

Les jours suivants les voituriers allemands de passage pillent les habitants et les menacent d'incendier le pays.

Le 27, le lieutenant-colonel von Germar fut nommé commandant de place; il rétablit l'ordre et aida la municipalité à organiser le service des logements et des vivres.

On commençait à respirer un peu quand le 29, pendant le marché, arrivèrent plus de 9 000 hommes avec 2 000 chevaux, de l'artillerie, des équipages, etc. Ces soldats arrivèrent comme une nuée; ils encombrèrent tout le pays et se logèrent seuls; plusieurs habitants durent abandonner leurs maisons et ne purent y rentrer que le lendemain, après le départ des Prussiens. Pendant la nuit, les cabaretiers, les épiciers et d'autres commerçants furent pillés.

Le 1er décembre une garnison de 10 officiers, 336 soldats et 26 chevaux s'installa dans les meilleurs logements; elle devait être remplacée à la fin du mois par une compagnie du 16e d'infanterie de la landwehr de Wetsphalie.

A partir de ce moment, les passages furent moins considérables, l'ordre fut maintenu par le commandant de place; des réquisitions en vaches, moutons, porcs, pommes de terre, avoine, fromage, furent faites par lui dans les communes environnantes et permirent à la population malheureuse de nourrir les soldats qu'elle avait à loger.

Les mois de décembre et de janvier se passèrent ainsi sans de graves incidents. Un cabaretier du pays eut une querelle avec des soldats ivres; une rixe s'engagea. Le cabaretier fut arrêté, conduit à Sens et condamné à six jours de prison et 100 francs d'amende. Quelques maires des communes voisines qui avaient refusé d'obéir aux réquisitions de la commandanture furent amenés à Chéroy et emmenés au corps de garde. Le paiement d'une amende et l'engagement de se soumettre à l'avenir à toutes les réquisitions leur rendirent la liberté. Un homme de Carmes (Seine-et-Marne) qui avait persisté à entrer dans Chéroy pendant la nuit, malgré les sentinelles, fut arrêté et détenu pendant trois jours. Il n'obtint sa liberté qu'en payant une amende de 100 francs qui fut distribuée aux pauvres de la commune; une amende de 30 francs payée par le maire de Dollot avait été également distribuée aux pauvres.

Le 2 février, le commandant von Germar quitta Chéroy pour aller à Nogent-le-Rotrou, il fut remplacé par le capitaine de la compagnie en garnison, un nommé Lausch, homme vaniteux et méchant, qui se fit détester des habitants autant qu'il l'était de ses soldats. A partir de ce moment, les soldats s'enivrèrent journellement et brutalisèrent plusieurs personnes. Chaque jour, des discussions violentes avaient lieu à la mairie entre le maire et les officiers ; l'armistice était signé et les exigences étaient plus grandes que pendant la guerre.

Enfin on apprit la conclusion de la paix. La garnison devait quitter Chéroy le 13 mars ; à partir du 10, ils redoublèrent d'exigences, devinrent extrêmement violents, et insultèrent les autorités et les notables. Le 11, vers 6 heures du soir, 350 voituriers saxons arrivèrent à Chéroy et campèrent sur les places. Pendant la nuit, le commandant en fit entrer dans les chambres de la caserne de la gendarmerie, à côté du poste où il résidait lui-même. Les soldats du poste et les voituriers brisèrent les glaces, les cheminées, brûlèrent les meubles et les placards ; puis ils pénétrèrent dans la cave par un tambour donnant sur l'escalier et enlevèrent le mobilier de sept ménages qui y était caché : argenterie, linge, lits, vêtements, etc., le tout estimé 8000 francs. Le lendemain, le juge de paix, averti de ce qui s'était passé, mais trop tard pour pouvoir rien faire par lui-même, envoya une dépêche au procureur de la République qui fit arrêter à Villeneuve-l'Archevêque les voituriers encore nantis des objets qu'ils avaient emportés. La paix était conclue et le vol flagrant ; mais le commandant de place de Sens ne voulut pas autoriser les poursuites et les pillards purent s'échapper.

Le 12, à 8 heures du matin, la garnison quitta

Chéroy. Quelques jours après, plusieurs personnes trouvèrent sous des paillasses des objets volés dans la nuit du 10 et que les soldats avaient cachés avant leur départ.

Le 14, une colonne d'environ 250 voituriers, escortés par huit soldats, arriva à Chéroy vers 4 heures du soir; le chef de la colonne demanda le logement pour ses hommes et ses chevaux; le maire offrit de loger les soldats, mais refusa de loger les voituriers et les chevaux. Ceux-ci entrèrent leurs chevaux de vive force dans les bâtiments voisins. La population, irritée, soutenue par les gens venus au marché, demanda à grands cris le départ des voituriers. Les soldats allemands ayant menacé de leurs armes plusieurs personnes furent entourés; deux furent désarmés. Une rixe s'ensuivit, des coups furent donnés de part et d'autre; un malheur pouvait arriver. Enfin une personne parlant la langue allemande put s'approcher des soldats et les déterminer à partir de Chéroy avec la colonne qu'ils escortaient; mais ils ne partirent pas sans avoir juré de se venger.

Arrivés à Saint-Valérien, ils se plaignirent à un colonel des insultes qui leur avait été faites; deux cavaliers furent envoyés faire un rapport au quartier-général établi à Lorrez-le-Bocage. Le général de Menstein envoya immédiatement à Chéroy un détachement de 44 hommes et 3 gendarmes, commandés par un officier d'état-major. Ils arrivèrent à 10 heures du soir, cernèrent la mairie et demandèrent le maire et son secrétaire. L'officier demanda compte à ces messieurs de la conduite des habitants au passage du dernier convoi et menaça de faire arrêter et fusiller les personnes qui avaient désarmé les soldats. Après de longues explications, l'officier reconnut que l'affaire n'avait aucune gravité et il renvoya le maire et le secrétaire, leur promettant de donner de bons renseignements au général.

De nouvelles menaces furent faites le lendemain par le général de Menstein qui passait à Chéroy avec des troupes assez nombreuses; il parlait de faire fusiller trois habitants de la ville et brûler les maisons de la Grande-Rue si on ne lui livrait pas les coupables.

Toutes ces menaces, à la suite desquelles les quatre personnes qui avaient désarmé les Prussiens, crurent prudent d'aller se cacher hors de Chéroy, n'avaient d'autre but que celui d'épouvanter la population. Le soir, un intendant du général revint à la mairie et exigea pour le lendemain matin, sous peine de faire exécuter les ordres de M. de Menstein, huit voitures attelées, destinées à conduire les bagages des troupes à Sens. Les voitures furent fournies, et l'affaire en resta là.

Du 16 au 23 mars, il y eut de nouveaux passages et de nouvelles réquisitions de voitures qui faillirent amener plusieurs conflits entre les troupes et la municipalité. Le 21, Chéroy fut complètement délivré.

L'invasion avait coûté 136 952 fr. 83, à cette commune qui compte deux cent cinquante ménages, cela fait, par ménage, une moyenne de près de 550 francs.

Chigy

Lors du dernier passage, le 25 mars, les hommes, qui étaient en grand nombre, ne respectaient plus la propriété privée ; ils ne payaient pas, sauf un très petit nombre, ce qu'ils forçaient l'habitant à leur fournir ; ils s'emparaient, pour leurs chevaux, de tout le fourrage qui était à leur convenance.

Collemiers

Deux chevaux avec leurs harnais et les voitures ont été volés à deux habitants.

Cornant

Rien à signaler.

Courceaux

Rien à signaler.

Courgenay

Rien à signaler.

Cuy

Les Prussiens ont volé deux chevaux, une vache, treize moutons, une voiture.

Dix fusils de guerre, 500 francs ; cinq de chasse, 325 francs.

Domats

La commune a été pillée le 29 novembre ; les Prussiens ont pris douze vaches, onze chevaux, pour 1 660 francs de grains et fourrages, et des objets mobiliers évalués à près de 3 000 francs.

Domats a dû payer une amende de 80 francs pour un coup de fusil tiré sur l'ennemi.

Egriselles-le-Bocage

Il a été question, dans le *Journal d'un Sénonais,* des faits qui s'étaient passés à Egriselles-le-Bocage dans la nuit du 3 au 4 décembre. Deux jours après, une reconnaissance prussienne alla jusqu'à Egriselles, s'y arrêta quelques instants et se fit reconduire à Sens. Un autre détachement, qui s'était trompé de route, traversa la même commune. Il n'y a pas d'autres passages à signaler.

Etigny

La commune n'a pas été occupée; mais elle a eu des réquisitions à fournir pour la commandanture voisine, et a été condamnée à une amende de 5000 fr. parce que les fils télégraphiques du chemin de fer de Lyon avaient été coupés dans le village; elle a dû verser 1100 francs.

Evry

Rien à signaler. Huit fusils de chasse, évalués 300 francs, ont été remis aux Prussiens.

Fleurigny

Le château, dont les propriétaires étaient absents, a été pillé et des objets mobiliers en ont été enlevés pour une valeur de 14130 francs.

Grange-le-Bocage

Rien à signaler.

Gron

Les Prussiens ont volé des outils de boucher et une montre en argent.

Jouy

Un fort passage eut lieu le 17 novembre et épuisa les habitants; le 18, au soir, arriva une colonne commandée par le général comte de Blumthal, qui avait pour aide-de-camp M. de Bismarck, ne-

veu du ministre. Les soldats trouvant peu de vivres
dans les maisons, poursuivirent et tuèrent les volailles dans les basses-cours et dans les champs. Le
pillage commençait à s'organiser, lorsque M. de Bismarck intervint et l'arrêta; il conduisit l'un des voleurs auprès du général. Le lendemain matin, la
chemise, la tunique, la cartouchière, etc., tous les
vêtements d'un soldat, furent jetés dans la cour de
M. Régnier, l'un des propriétaires volés; le plus
coupable des pillards avait été fusillé.

Au retour des troupes, le 15 mars, le garde particulier de M. de Brossin refusa de laisser entrer au
château les cavaliers hessois que la mairie l'invitait à loger. Il reçut quelques coups de sabre qui
lui firent de légères blessures. Le commandant voulait l'emmener en Prusse, avec d'autres personnes
qui avaient pris part à la lutte; on intervint en leur
faveur et ils restèrent à Jouy.

La Belliole

Un cheval et une voiture ont été volés; une voiture omnibus réquisitionnée par les Prussiens a été
gardée par eux pendant deux mois et demi.

La Chapelle-sur-Oreuse

M. Frédéric Collard, ancien maire de la commune, vieillard infirme, ayant protesté contre les
violences faites à sa bru, a été lâchement frappé par
des hussards prussiens qu'il logeait et a reçu plusieurs coups de sabre; sans l'intervention énergique
du garde champêtre, il eût été tué.

La commune a eu beaucoup à souffrir matériellement : 13 voitures attelées ont été perdues à l'armée de la Loire, 300 volailles ont été tuées, des objets de bonneterie pour une valeur de 500 francs ont été volés, des liqueurs ont été pillées, 3 cabriolets ont été détériorés à plaisir, du blé, de la paille, de l'avoine et des objets mobiliers ont disparu.

LA POSTOLLE

Les Prussiens ont volé un cheval avec ses harnais, une couverture, une paire de bottes.

Un soldat protestant, mort en route du typhus, a été enterré dans le cimetière du pays le 19 mars.

LES SIÈGIS

Le 17 novembre, l'instituteur, qui ne pouvait livrer, à 5 heures du matin, que six voitures au lieu de douze qui lui avaient été demandées la veille, fut menacé d'être fusillé et ne dut son salut qu'à la fuite.

Le 18 mars, le maire étant entré au corps de garde, sur la demande du chef de poste, fut battu par quatre soldats, et ne put se retirer qu'après un quart d'heure de lutte et deux côtes enfoncées.

Le même jour, Mme veuve Collet, aubergiste, fut battue par des soldats ivres.

Pendant l'occupation, des grains, du fourrage, des objets mobiliers et des marchandises furent pillés, pour une valeur de 5 378 francs.

LIXY

Au retour des troupes, plusieurs personnes et notamment des femmes furent maltraitées, pour avoir refusé d'ouvrir les portes de leurs chambres ou de leurs meubles.

MAILLOT

La commune a très bien nourri les Prussiens, dans la crainte de dommages plus considérables ; l'ordre le plus parfait a régné dans le pays pendant leur séjour.

Trois propriétaires requis avec leurs chevaux et leurs voitures pour toute la durée de la guerre ont préféré abandonner leurs attelages.

MALAY-LE-ROY

Pendant tout le temps de leur passage, les troupes faisaient la grande halte dans la commune. Les soldats se répandaient alors dans toutes les maisons, réclamaient impérieusement du pain, du vin, du fromage ; il y avait parfois, dans certaines maisons, jusqu'à quarante Prussiens ; les frais occasionnés par ces réquisitions peuvent s'élever à 3 000 francs.

Dans quelques maisons abandonnées par leurs propriétaires, des objets mobiliers ont été enlevés et des dégâts commis pour une valeur de 800 francs.

MALAY-LE-VICOMTE

Le 14 novembre, à 10 heures du matin, trois uhlans, suivis d'une vingtaine d'autres, et accompagnés d'un officier d'artillerie, somment le maire, sous menace de pillage, de bombardement, et d'une amende de 20 000 francs, de faire combler, avant 2 heures du soir, la tranchée que M. Lévy, ingénieur à Sens, avait fait creuser de Troyes à Sens.

Les habitants se réunissent sur l'ordre du maire,

et, à 3 heures du soir, la coupure est comblée sur une largeur d'environ 6 mètres, jugée suffisante par l'officier d'artillerie pour permettre aux troupes de passer.

Rien ne prouve mieux que ce fait l'insuffisance et l'inutilité des travaux faits dans l'arrondissement pour entraver la marche de l'ennemi.

Le 15, arrivent environ 2000 hommes qui doivent faire séjour ; ils déchirent les billets de logement qui leur ont été préparés et se logent euxmêmes.

Le 17, ils sont remplacés par 2600 autres commandés par un général de dix-sept ans, le comte de Wimpfenn. Trois marchands de vins sont pillés, beaucoup de marchandises et d'objets mobiliers enlevés.

Plusieurs personnes furent maltraitées, d'autres emmenées à Sens et enfermées au lycée pour avoir sauvé leurs bestiaux dans les bois ; en outre, elles ont été frappées d'une amende qui a été, par la suite, convertie en réquisitions de chevaux et de voitures ; les bestiaux furent rendus, par suite d'instantes démarches faites auprès du commandant de place de Sens.

Depuis l'armistice, les troupes voyant que la municipalité leur fournissait tout ce dont elles pouvaient avoir besoin, se conduisirent beaucoup mieux.

Avant chaque départ, l'officier commandant la colonne remettait au maire un reçu constatant ce qu'avait fourni la commune.

Michery

Le 13 novembre eut lieu un premier passage de 2 500 hommes. L'école fut transformée en corps de garde ; rien de ce qui appartenait à la commune ou aux élèves ne fut pris, mais différents objets mobiliers de l'instituteur, en ce moment malade, et notamment une partie de sa batterie de cuisine disparurent. Il y eut aussi dans le pays plusieurs vols de montres et d'habits.

Jusqu'au 14 mars, la commune n'a pas eu de nouvelles troupes ; du 14 au 23 mars, elle a eu à loger 6 900 hommes, dont elle n'a pas eu à se plaindre.

Nailly

Quatorze ruches ont été détruites et le miel enlevé ; des articles d'épicerie, du blé et de l'orge ont été volés pour une valeur de 105 francs.

Noé

Du 15 au 18 novembre, la commune eut à loger environ 2 350 hommes ; des bestiaux furent enlevés, des marchandises pillées, des objets mobiliers brisés. Dans la soirée du 16, les Prussiens furent informés de la présence de francs-tireurs dans la forêt qui se trouve au sud de Noé ; ils furent en mouvement toute la nuit et menacèrent plusieurs habitants.

Plessis-Saint-Jean

Avant l'armistice, la commune n'a pas eu de Prussiens à loger ; cinq réquisitions y furent faites par la commandanture de Sens. Au retour des troupes, des cuirassiers blancs y ont séjourné, mais ils n'y ont volé que quelques bottes de fourrage et une roue de voiture ; ils payaient leurs dépenses.

PONT-SUR-VANNE

Il a été question, dans le *Journal d'un Sénonais*, du meurtre commis par les Prussiens sur M. Lavoué et son berger. Le même jour, des soldats se répandirent dans les maisons, pillèrent et enlevèrent tout ce qui était à leur convenance, dévalisèrent les auberges et les épiceries, défoncèrent les tonneaux de vin dans les caves, etc., le tout évalué à 2 500 francs.

Le 25 mars, les mêmes soldats qui avaient fusillé M. Lavoué repassèrent par Pont-sur-Vanne. Ils pillèrent de nouveau les caves, ravagèrent les basses-cours, battirent presque tous les habitants du pays et maltraitèrent tellement deux jeunes hommes qu'ils les laissèrent pour morts sur la place. Le commandant du détachement recevait à coups de bâton ceux qui allaient se plaindre à lui.

ROSOY

A leur premier passage, les Prussiens ont fait parquer, pendant deux jours, un troupeau de 1 500 moutons dans un jardin fruitier ; le dégât fut estimé 500 francs.

Au retour, les Prussiens se nourrissaient eux-mêmes.

SAINT-CLÉMENT

Le 17 novembre, 5 000 Prussiens y sont logés ; il y en avait 100 ou 150 dans les maisons les plus spacieuses. Les objets mobiliers enlevés et les dégâts commis aux bâtiments s'élèvent à 770 francs.

Saint-Denis

Le 16 novembre, des outils appartenant à M. Barreau, serrurier à Sens, ont été volés; quelques portes ont été brisées; du miel, des œufs et de la volaille ont été volés pour une valeur de 100 francs.

Saint-Martin-du-Tertre

Le 15 novembre, la commune eut à loger 1250 hommes et 450 chevaux. Une partie des chevaux fut nourrie avec du blé non battu; un habitant qui voulut s'opposer à ce gaspillage fut brutalement chassé de chez lui et menacé d'être tué s'il rentrait.

En partant, le 17, ces troupes emmenèrent en réquisition toutes les voitures et tous les chevaux du pays.

On s'aperçut, après le départ de l'ennemi, que des vols nombreux avaient été commis dans les maisons. Les soldats avaient pris du linge, des couvertures, des bas de laine, des couverts d'argent, des denrées alimentaires et surtout des brosses et des couteaux.

Pendant le mois de mars, Saint-Martin logea plusieurs fois des troupes qui se nourrirent à leurs frais, mais exigèrent cependant du pain, du vin et de l'avoine.

Saint-Martin-sur-Oreuse

Le 12 et le 13 novembre, 4000 hommes environ et 1600 chevaux séjournèrent dans cette commune. Ils imposèrent une amende de 2500 kilogrammes d'avoine pour une tranchée qui se trouvait à l'entrée du pays et qui n'avait pas été réparée avec toute la solidité voulue pour permettre à l'artillerie de passer.

Du linge et des objets mobiliers furent enlevés par les troupes pour une valeur de 2520 francs.

SAINT-SÉROTIN

C'est une des communes qui a eu le moins à souffrir. Elle n'a été occupée que le 18, le 19 et le 20 mars par des soldats des duchés de Schleswig et de Holstein qui se nourrirent eux-mêmes et payèrent toutes les denrées qu'ils achetèrent.

Aux commandantures de Sens et de Pont-sur-Yonne, Saint-Sérotin fournit des réquisitions pour 1525 francs.

SERBONNES

Rien à signaler.

SERGINES

Cette commune a eu trois fois des troupes à loger, du 21 au 24 mars. Le jour de la fête du roi, des pontonniers qui étaient ivres maltraitèrent plusieurs habitants.

SOGNES

Les Prussiens n'ont pas séjourné dans cette commune, mais ils y ont fait des réquisitions.

SOUCY

Cette commune a eu peu à souffrir; les frais supportés par les habitants sont nuls; quelques réquisitions ont été faites par la commandanture de Sens.

SUBLIGNY

C'est par suite d'informations inexactes qu'il a

été dit dans le *Journal d'un Sénonais*, à la date du 14 novembre, que des francs-tireurs étaient embusqués dans les bois, près de Subligny. C'étaient des gardes nationaux de deux communes voisines, au nombre d'une trentaine; ils s'étaient placés, pendant la nuit, non loin de la tranchée qui était à l'entrée du pays et que les habitants travaillaient à combler. Quand ceux-ci les aperçurent, ils les supplièrent de se retirer, de ne point tenter une attaque qui n'aurait d'autre résultat que de les faire massacrer et de faire incendier Subligny. Les moins hardis s'esquivèrent peu à peu, et quand les Prussiens apparurent il ne restait plus que quelques hommes qui se hâtèrent de disparaître. Il était temps, car l'un d'eux ayant été aperçu et les Prussiens croyant avoir à faire à de vrais francs-tireurs, le bois fut promptement cerné et quatre canons y envoyèrent des obus qui ne firent, d'ailleurs, aucun mal.

Du 23 au 25 mars, les troupes qui revenaient se firent nourrir, pillèrent quelques caves et volèrent des objets mobiliers, le tout évalué à 3388 francs.

Theil

Deux voitures de luxe avec les harnais ont été volés chez M. Josson de Bilhem; on a aussi pris chez lui des objets mobiliers pour une valeur de 1595 francs.

D'autres vols ont été faits dans la commune; la pompe à incendie a été endommagée.

Vallery

Le 14 novembre, les habitants ont été forcés de

remplir les tranchées ; des cavaliers les menaçaient et les frappaient ; un habitant a été grièvement blessé à la tête d'un coup de sabre.

En quittant le pays, le chef de détachement a fait lancer six obus sur les maisons ; deux ont porté sur des bâtiments d'exploitation, un troisième sur le château de M. le comte de Rochechouart ; les dommages ont été peu considérables.

Aux autres passages, les soldats se sont fait remarquer par une grande disposition au vol de toutes sortes d'objets, même de valeur insignifiante.

Vareilles

L'autorité municipale et les habitants, dans la crainte de quelque malheur, ont préféré céder à toutes les exigences des officiers et des soldats. Cependant le maire a reçu un coup de fouet dans le dos d'un conducteur qui ne voulait pas aller où l'envoyait son billet de logement, et l'instituteur a été pris au collet et menacé par un capitaine à qui il ne servait pas assez tôt du beurre frais et du fromage.

Vaumort

Quelques rixes eurent lieu au retour des troupes, les Prussiens exigeant du fourrage pour leurs chevaux et les habitants ne voulant pas en donner.

Vernoy

Cette commune n'a pas été envahie, mais elle a eu à fournir des réquisitions aux commandantures de Sens et de Chéroy.

Véron

La commune a eu à dépenser 387 francs pour combler les tranchées.

Vertilly

Des troupes y ont passé à la fin de mars seulement et sans s'y arrêter.

Villeblevin

Un premier passage, qui eut lieu le 13 novembre, n'offre rien à signaler; la municipalité a su prendre des mesures pour éviter tout acte de violence et de pillage. Quelques objets de peu de valeur empruntés par des soldats furent emportés par eux, mais la perte n'en est pas appréciable.

A la fin de mars, des cuirassiers blancs séjournèrent pendant quatre jours; ils n'étaient contents de rien et traitèrent rudement les habitants. Un de ces derniers fut grièvement blessé d'un coup de sabre à la tête. Le soldat qui l'avait frappé reçut les félicitations d'un officier survenu à ce moment même.

Villebougis

Les portes de l'école ont été brisées et les livres de la bibliothèque scolaire volés.

Le sieur Dufaud, qui s'opposait à un vol de pain, a reçu un coup de baïonnette; le sieur Devoves a été frappé également, parce qu'il réclamait une indemnité convenue pour des voitures de réquisition; l'instituteur a été brutalisé à ce sujet.

Sous prétexte qu'on aurait jeté des pierres à un officier, une douzaine de personnes ont été frappées et quelques-unes, notamment MM. Ferrasse, Prudhomme, Blondeau, Devoves et Tesson ont reçu de graves blessures. Sous le même prétexte, le maire a été retenu prisonnier pendant une nuit.

Villegardin

Le seul fait notable qui se soit produit dans cette commune est l'emprisonnement du maire pendant une nuit et sa captivité pendant une demi-journée.

Des francs-tireurs étaient signalés à cinq kilomètres de Villegardin, dans les bois de Bazoches-en-Gâtinais (Loiret). Le maire, voulant dégager sa responsabilité en cas d'événement nocturne, va informer le capitaine prussien. Le capitaine, après en avoir conféré avec ses officiers, fit conduire le maire, avec une garde de 32 hommes commandée par un officier, dans un hameau qui se trouvait dans la direction signalée, avec ordre de le mettre devant les rangs en cas d'attaque. Rien ne survint et le soir venu, le maire fut reconduit à son domicile.

Un autre jour, l'armée prussienne avait fait une réquisition de six voitures et six chevaux. Le lendemain, un cheval vint à manquer et bien que le transport des bagages fut plus que suffisant, le capitaine fit emmener le maire prisonnier ; mais arrivé à Chéroy, ce dernier fut assez heureux pour se dérober à la surveillance de ses gardiens ; il se glissa parmi la foule des curieux et revint à Villegardin par des chemins détournés.

Le total des dépenses pour la commune de Villegardin est de 14526 francs.

De cette somme, le pillage d'objets mobiliers, linge, etc., est estimé à 1688 fr. 10, et les dégâts à 1555 fr. 55.

Villemanoche

Le 12 novembre, les Prussiens ont demandé

10000 francs à cette commune, pour coupures de route sur son territoire, mais elle a pu ne rien donner. Des grains, des marchandises et des objets mobiliers ont été pillés pour une valeur de 3473 francs.

VILLENEUVE-LA-GUYARD

Les Prussiens, établis à Montereau depuis quinze jours environ, envoyèrent, le 12 novembre 1870, à Villeneuve-la-Guyard, un détachement de cavalerie qui ne fit que battre le pays et partit une heure après, sans avoir fait de réquisitions.

Le lendemain, 13 novembre, à 10 heures du matin, le IIe corps de l'armée allemande, général de Stabemberg, évalué à environ 35000 hommes, venant de Metz et se dirigeant sur Pithiviers, commença à traverser Villeneuve-la-Guyard. Le passage dura toute la journée du 13, toute celle du 14 et une partie de celle du 15.

L'administration des ponts et chaussées avait fait creuser une tranchée au travers de la route nationale n° 5, près du hameau de Bichain. Les habitants de la commune furent forcés de la combler. Le premier conseiller municipal, remplissant les fonctions de maire, fut arrêté, conduit à Pont-sur-Yonne, où il resta dix-huit heures prisonnier. Ramené à Villeneuve-la-Guyard, le 14 au matin, il ne fut remis en liberté qu'après que la commune eût versé une amende de 2000 francs.

Arrivé dans le pays, le premier soin de l'ennemi avait été de réclamer les armes de la garde nationale, mais ces armes avaient été mises en lieu sûr, et l'on se contenta de lui en présenter un reçu fictif déclaré à l'avance par l'autorité de l'arrondissement.

Une vingtaine de charretiers avaient été requis pour transporter des soldats et des bagages; six d'entre eux, soit par suite de mauvais traitements, soit par crainte, reviennent après avoir abandonné leurs attelages.

Dans ces deux premières journées, la commune logea et nourrit 4000 hommes et 1500 chevaux. Les habitants, non prévenus, se trouvaient dans le plus cruel embarras.

On estime à 3000 francs la valeur des objets soustraits tant à ce passage qu'aux suivants.

La commune eut encore à nourrir et à loger, à différentes reprises, 4000 hommes et 500 chevaux.

Des réquisitions importantes en grains, farines, fourrages et bestiaux furent faites pendant l'occupation par l'autorité allemande et conduites à Montereau et à Sens.

Le 8 janvier, la gare du chemin de fer fut occupée par un détachement de 32 hommes de la landwehr, destiné à surveiller la ligne. Les soldats, nourris chez l'habitant, couchaient à la gare. Leur conduite fut généralement convenable.

Dans la nuit du 26 au 27 janvier, une compagnie de francs-tireurs vint attaquer les Prussiens qui, par prévision, s'étaient retranchés et n'éprouvèrent pas grand mal. Ils furent aussi sauvegardés par la présence du chef de gare français, de sa femme et d'un employé qui n'avaient pas encore quitté la gare.

Les dégâts causés par cette attaque s'élèvent à la somme de 2000 francs.

Le 27 au matin, un train vint en toute hâte de Montereau emmener le détachement, mais dans la soirée du 28, les ennemis revinrent au nombre d'environ 200, arrêtèrent les notables, les enfermèrent avec eux dans la gare en annonçant qu'à la moindre démonstration hostile ces ôtages seraient fusillés. Ils empêchèrent d'approcher de la gare ou de se rendre dans la plaine qui s'étend entre la gare et la rivière. Des coups de feu furent même tirés sur différentes personnes qui, heureusement ne furent pas atteintes. Dans la nuit du 29 au 30 janvier, une colonne, forte de 500 hommes avec deux pièces de canon, vint se joindre à la garnison rangée dans la gare, avec l'intention probable d'infliger à la commune un châtiment, ou tout au moins de lui imposer une amende. Ce projet ne put sans doute être réalisé, car, dans l'après-midi du 29, le chef de gare prussien avait déjà publiquement annoncé qu'un armistice avait été conclu la veille. Quelques visites domiciliaires eurent lieu pendant la nuit et au matin, tant au hameau de la Chapelotte, qui dépend de Villeneuve, qu'à Misy. Différentes personnes furent arrêtées dans cette commune et emmenées, mais relâchées quelques jours après. Bien que cette expédition n'eût point de suites graves, ce déploiement de forces avait inspiré des craintes assez sérieuses. La nouvelle officielle de l'armistice les calma, et la colonne s'en retourna, laissant à la gare un détachement de 40 hommes qui y resta jusqu'au 14 mars.

Point de violences contre les personnes.

Total des frais de toute nature supportés par la commune : 36649 francs, dont 3000 de pillage et 15045 pour fournitures.

VILLEPERROT

La commandanture de Sens a infligé à cette petite commune une amende de 2000 francs, parce que, dit-on, on avait trouvé sur son territoire un fil de cuivre attaché au fil télégraphique qui conduisait les dépêches prussiennes de Sens à Montereau. Sur cette somme, Villeperrot a pu, après réclamations, ne payer que 911 francs.

VILLEROY

A Villeroy, on cite des brutalités.

Un capitaine prussien frappe de son sabre un voiturier du pays qui n'attelait pas assez vite à son gré; l'homme frappé garda le lit pendant six semaines.

Un cultivateur fut cruellement battu pour avoir refusé de livrer une vache; en même temps, sa femme et sa fille, pour avoir pris sa défense, sont enfermées, pendant vingt-quatre heures, sans aucune nourriture.

On en veut beaucoup au Prussien à Villeroy, sa réputation y est faite : il est vorace, brutal, pillard et voleur.

Réquisitions de toute nature,	8 489 fr.	20
Frais supportés par la commune,	17 040	25
Dégâts, vols,	495	50

VILLETHIERRY

Cette commune située à une assez grande distance des lignes parcourues par les Prussiens n'a pas été envahie pendant la durée de la guerre. Au retour, elle a eu à loger quelques troupes qui, à cause d'encombrement, n'avaient pu trouver place dans les villages voisins.

A la fin de mars, des dragons prussiens s'y sont trouvés en même temps que des fantassins du Holstein ; les dragons mettaient les fantassins à la porte des logements qui leur paraissaient convenables et qu'ils préféraient occuper.

Les réquisitions étaient faites dans cette commune par la commandanture de Chéroy ; celles de Sens et de Pont-sur-Yonne en réclamèrent aussi, mais elles ne furent pas fournies, grâce à l'intervention du commandant de Chéroy.

VILLIERS-BONNEUX

Cette commune n'a pas été envahie. Elle a eu à fournir pour 2 588 francs de réquisitions qui ont été réparties entre les habitants, au prorata de leurs revenus fonciers.

VILLIERS-LOUIS

L'instituteur a couru des dangers pour avoir porté secours à un jeune homme que des soldats maltraitaient. Il a été atteint à la jambe par un éclat de roche et forcé de garder le lit pendant plusieurs jours.

VINNEUF

C'est sur le territoire même de Vinneuf que les Allemands ont fait les premières apparitions dans le département de l'Yonne.

Le 15 septembre 1870, entre midi et une heure, 31 dragons, venant des environs de Bray-sur-Seine, furent signalés sur la route de Bazoches-lez-Bray, à environ 2 kilomètres de Vinneuf.

En un instant, les habitants répandus dans la campagne, avertis par le tocsin, se trouvaient réunis, bien décidés à repousser la petite troupe. Les gardes nationaux armés vinrent prendre position dans le jardin du presbytère. Mais soit fausse direction, soit appréhension, les dragons, arrivés à 300 mètres environ du village, prirent au large dans la direction de Latombe, village situé sur la Seine, où ils passèrent la rivière à gué dans l'intention évidente de se rendre à la ferme de la Muette. A cette nouvelle, quarante-cinq gardes nationaux se décidèrent à les poursuivre.

Le digne curé de la commune, M. Ballacey, se mit lui-même à la tête d'une escouade ; l'instituteur, M. Lallement, prit la direction d'une autre avec ordre de se rallier avant l'arrivée au village de Latombe, ce qui eut lieu trois quarts d'heure après leur départ de Vinneuf. On traversa la Seine au gué de Latombe en dissimulant la marche autant que possible, et, arrivé à un bosquet distant de 400 mètres de la ferme, la petite troupe se déploya en tirailleurs et arriva assez près de la ferme.

Aussitôt la sentinelle allemande placée à l'entrée principale de la ferme donne l'éveil et quelques instants après l'officier se présente en parlementaire, un mouchoir blanc déployé à la main, et suivi d'un maréchal-des-logis chef.

19

Le curé se porta à sa rencontre, l'amena au milieu du peloton où ils furent sommés de se rendre prisonniers.

Le maréchal-des-logis fut désarmé ; mais, sur sa demande, on accorda trois minutes à l'officier pour se concerter avec ses hommes. Il partit emmenant avec lui le curé et quatre gardes nationaux qui se tinrent à la porte principale de la ferme. Ce délai n'était, en réalité, qu'une ruse de la part du chef qui en profita pour faire seller les chevaux et les monter. En effet, quand il reparut, il partit au grand galop suivi de quelques cavaliers qui firent feu, mais heureusement sans atteindre personne. Les gardes nationaux ripostèrent, le chef fut blessé à la cuisse et son cheval abattu.

Aussitôt on pénétra par plusieurs issues dans la ferme : quatorze cavaliers qui s'apprêtaient également à partir furent faits prisonniers, amenés à Vinneuf, et de là dirigés sur Sens où ils arrivèrent vers 11 heures du soir.

Le lendemain 16, le bruit se répandit que l'ennemi allait user de représailles ; il n'en fut rien, et les habitants en furent quittes pour leurs appréhensions.

Depuis lors, Vinneuf ne fut plus inquiété jusqu'au moment où Montereau fut occupé par l'ennemi. Vinneuf dut alors fournir aux réquisitions dont la somme jointe à celle du passage des troupes (7 837 fr. 50) forme un total général de 18 177 fr. 50.

Pendant l'invasion, la commune de Vinneuf a reçu trois fois des troupes.

Le 13 novembre, environ 1 500 hommes, infanterie, cavalerie et artillerie venant de Metz et se dirigeant sur Fontainebleau par Montereau. A cette époque, l'encombrement des troupes à Montereau et dans les environs était tel qu'ils revinrent sur leurs pas. Le départ n'eut lieu que le lendemain 14, à 6 heures du matin.

Depuis cette époque, jusqu'au commencement de mars, on ne signale plus que des hommes envoyés en réquisition.

Le 11 mars, arrivée de 1 150 hommes d'infanterie du 18e de ligne venant de la direction d'Auxerre ; ils séjournèrent un jour et demi et se dirigèrent sur Paris.

Le 19 mars, une avant-garde de 17 hommes annonce, pour le lendemain, 650 hommes du 64e de ligne venant des bords de la Loire et se dirigeant sur Nogent-sur-Seine, par la route de Bray. L'habitant fut seulement tenu à les loger et à les chauffer.

Point de plaintes, au sujet de la conduite des chefs et des soldats.

VOISINES

Le 12 novembre, la commune eut à loger 2 500 hommes.

Dans l'école des filles, qui servit de corps de garde, rien ne fut dérangé ni brisé : les cahiers restèrent intacts.

Dans deux ou trois maisons où les soldats étaient en grand nombre, ils firent abus de boissons, et les propriétaires, pour se soustraire à leurs brutalités, furent obligés d'abandonner leurs demeures. Les soldats prirent alors tout ce qui se trouva à leur convenance et gaspillèrent encore plus qu'ils ne prirent.

Le 16, toutes les voitures du pays et leurs conducteurs furent emmenées. Quelques-unes n'allèrent que jusqu'à Sens, d'autres furent absentes pendant dix-huit jours.

Les 150 hommes qui étaient venus réquisitionner ces voitures s'étaient conduits en véritables pillards.

Au mois de mars, les dépenses occasionnées par deux passages de dragons furent insignifiantes.

FIN

APPENDICE

LE PILLAGE DE SENS

PAR LES HESSOIS

(Extrait de la Revue du Cercle militaire des 6 et 13 février 1904.)

Madame Lily Braun, fille du général von Kretschman, vient de publier, à Leipzig, les lettres écrites à sa mère en 1870-1871 par le général, alors major du IIIe corps d'armée. Dans ces missives, les Allemands sont accusés d'actes d'indiscipline et, notamment les Hessois, d'avoir pillé Sens ; aussi leur publication a-t-elle soulevé une grande émotion en Allemagne ; elle y a provoqué des protestations indignées.

De l'enquête faite par M. le général-major Keim et publié dans le n° 144 du *Militar Wochenblatt* de 1903, il résulterait que Sens n'a été occupé, les 12 et 13 novembre 1870, que par une seule compagnie de chasseurs hessois du 1er bataillon et deux escadrons du 12e régiment de uhlans, et que ce détachement aurait tenu une conduite exemplaire. Aucune autre troupe hessoise n'aurait traversé Sens et les lettres du général von Kretschman ne contiendraient que des accusations calomnieuses.

Etant en garnison dans cette ville, nous avons pensé qu'il convenait d'élucider ces faits. Nous avons donc consulté les archives de la ville, celles de la sous-préfecture, les brochures et les journaux de l'époque et entendu de nombreux témoins oculaires; nous nous sommes enfin entouré de toutes les garanties possibles, négligeant tous les faits qui n'avaient pu être contrôlés.

Toutes nos affirmations sont basées sur des pièces authentiques; notre unique souci a été celui de dégager la vérité, et nous sommes certain de ne rencontrer aucun contradicteur, notamment parmi les officiers de l'armée allemande dont nous citons les noms dans ce travail.

Nous examinerons successivement les accusations du général von Kretschman, la composition des troupes ayant occupé Sens du 11 au 15 novembre 1870, et, après avoir analysé les faits reprochés aux Hessois, nous donnerons la copie de quelques documents en forme de conclusion.

Nous considérons comme un devoir d'adresser tous nos remerciements à M. le maire de la ville de Sens, à l'administration municipale et à tous ceux de nos concitoyens qui ont facilité nos recherches par la communication de leurs archives et documents.

LES ACCUSATIONS

Dans sa lettre n° 97, écrite de Theil le 15 novembre 1870, le major von Kretschman dit :

« Nous ne savons encore si nous resterons ici demain. Sens, une petite ville de 11 000 habitants, a été complétement pillée par les Hessois ; nous ne tenons pas à y aller. »

Le lendemain, 16 novembre, étant cantonné à Sens, il écrit (lettre nº 98) : « Les Hessois, nos frères de la confédération, se sont comportés à Sens d'une manière incroyable. Un civil passait à cheval dans la rue ; deux officiers le forcent à en descendre ; l'un prend le cheval et l'autre la selle. Un officier supérieur veut ouvrir une armoire, malgré son hôte qui lui dit ne pas avoir la clef, il insiste et, comme l'habitant s'y oppose, il l'abat d'un coup de feu. L'on ne saurait trop déplorer de pareils faits. Les habitants de cette petite ville me demandaient naïvement si nous étions une autre armée que les Hessois ; dans notre intérêt, je n'ai pu me dispenser de leur expliquer la différence qu'il y a entre un Prussien et un Hessois. »

DATE DES FAITS RELATÉS ET TROUPES

AYANT OCCUPÉ SENS

La délibération du conseil municipal de Sens du 14 novembre 1870 rappelle « les circonstances principales de l'envahissement de la ville par l'armée prussienne... » Cette délibération signée, le soir même du 11 novembre, par vingt-deux conseillers municipaux a été écrite sous l'impression des événements du moment. Elle fait ressortir que : « le samedi 12 novembre 1870, à 11 heures du matin des chasseurs à pied et des uhlans sont venus occuper la ville. »

D'après les pièces aux archives (note de l'hôtel de l'*Ecu*, réquisitions de voitures et autres, de ferrage, etc.) ces troupes comprenaient au total : sept officiers, une compagnie du 1er bataillon de chasseurs hessois et un détachement de uhlans. Il ne pouvait donc y avoir deux escadrons de uhlans à cette date.

« Les habitants n'ont eu qu'à se louer de leurs officiers, tous polis, peu exigeants et désireux de diminuer les lourdes charges qui doivent peser sur la ville », écrivent MM. Dauphiné et Humbert à leur sujet, à la date du 13 novembre, et ils ajoutent : « Serons-nous toujours aussi bien traités (1) ? »

D'après un bon de convoi figurant aux archives, ce détachement a quitté Sens le 13 au matin pour aller à Ville-Saint-Jacques (Seine-et-Marne), Bourron le 14, Larchant (Seine-et-Marne) le 15, Rouvray-Saint-Denis (Eure-et-Loir) le 17, Boynes (Loiret) le 19, et Montargis le 20 novembre.

Les officiers faisant partie de ce détachement sont certainement ceux qui ont écrit au général Keim et ont protesté avec raison contre les imputations calomnieuses dont ils avaient été l'objet.

(1) Le *Sénonais*, numéro du 1er juin 1871. Ce journal à partir du 1er juin 1871, a publié le récit des évènements survenus à Sens pendant l'occupation étrangère. Ce récit avait été rédigé par MM. Dauphiné et Humbert, professeurs au lycée de Sens, à l'aide des notes qu'ils avaient prises au jour le jour. M. Dauphiné était interprète officiel auprès des autorités allemandes, sa qualité de professeur d'allemand l'avait fait désigner pour ces fonctions. La sincérité de ces notes est absolue; le témoignage des contemporains de 1870 est unanime à cet égard.

Mais la délibération ci-dessus du conseil municipal, ainsi que de nombreux documents relatent l'arrivée, dans la journée du dimanche 13 novembre,
entre midi et une heure, d'un nouveau détachement. D'après les reçus de réquisitions, les notes
des hôtels de l'*Ecu* et de *Paris*, le journal le *Sénonais*, la délibération du 11, les témoignages des habitants, les nouvelles troupes étaient à l'effectif de
23 officiers, 1244 hommes et comprenaient : les 4e
et 5e escadrons du régiment des dragons de Magdebourg n° 6, deux compagnies du bataillon de chasseurs du Lauenbourg n° 9 dont la 3e compagnie,
une batterie d'artillerie et 2 escadrons de uhlans.

Ces troupes formaient un détachement mixte
chargé très vraisemblablement de faire des réquisitions pour le compte de l'inspection générale des
étapes de la IIe armée, et nous pensons que M. le
général Keim trouvera des renseignements très utiles à ce sujet dans le *Journal des marches et opérations* de cette armée.

En ce qui concerne les 23 officiers qui faisaient
partie de ce détachement, nous avons pu relever les
noms suivants :

MM. le colonel de dragons von Beaulieu, commandant le détachement;

Le major von Tresckow. Le corps auquel appartenait cet officier supérieur n'est pas indiqué sur les
pièces d'archives, mais ses armoiries figurent d'une
manière encore très visible aujourd'hui sur le ca-
chet qu'il a apposé au bas de sa signature. Elles
portent en effet, comme pièce du blason, un griffon,

et comme ornement extérieur une couronne de prince souverain (couronne de face);

Von Willich, major au régiment de dragons de Magdebourg n° 6;

Baron von Eikanstein, second lieutenant au 5ᵉ escadron du régiment de dragons de Magdebourg n° 6;

Erhard, lieutenant au même régiment;

Von Kunero II; von Lcholfen, lieutenants de cavalerie;

Leisterer, lieutenant au 9ᵉ bataillon de chasseurs;

Comte de Bellegrade, sans indication de grade ni de corps;

Enfin un reçu du 13 novembre porte le nom de Bownardt, sans indication de grade, de la 3ᵉ compagnie du 9ᵉ bataillon de chasseurs.

Ce détachement a séjourné à Sens le 13 novembre 1870 à partir de midi et a quitté la ville le 14 novembre au matin. Le prince Frédéric-Charles est entré dans la ville avec 8 000 hommes le 15 novembre à 2 heures du soir; Sens n'ayant pas été occupé du 14 au matin au 15, à 2 heures de l'après-midi, c'est donc bien de ce détachement de 1244 hommes qu'il est question dans les lettres du général von Kretschman et, après l'examen des documents, c'est à lui qu'il faut attribuer le pillage des magasins dont nous donnons la liste plus loin.

PILLAGE DE SENS

Avant d'aborder très sommairement l'examen des faits et pour prévenir toute objection, il convient d'établir une distinction eutre la réquisition militaire et le pillage.

Les caractères d'une réquisition consistent d'après le droit des gens et les règlements militaires en usage dans les différentes armées, en un ordre écrit et signé d'une autorité responsable; elle exige un reçu des prestations fournies, l'ordre et la discipline dans l'exécution doivent être assurés; enfin l'autorité militaire n'a recours à la force qu'en cas de refus des autorités locales. Mais quand une municipalité, contrainte par la nécessité, défère aux demandes, que malgré cela les troupes enfoncent les portes à coups de hache, comme on l'a fait chez M. Gandillon, M. Ursin, etc., que les soldats emportent toutes les marchandises à leur convenance sans donner de reçu, qu'ils pénètrent dans les caves et font main basse sur les vins et les liqueurs, qu'ils prennent les cigares chez les débitants de tabac et qu'ils ont recours à la violence pour fouiller les placards et se faire servir de copieux dîners, il nous semble que ces faits constituent le pillage tel qu'il est défini par les codes de toutes les nations civilisées, et qu'ils ne sauraient en aucun cas constituer la réquisition.

Le général von Kretschman a fait allusion à ces faits dans sa lettre n° 97; nous allons les établir à à l'aide de documents officiels.

La délibération du conseil municipal de Sens, du 14 novembre 1870, rappelle « toutes les péripéties de cette journée du 13 novembre et toutes les réquisitions désordonnées, inexécutables qui furent failes. » Elle rapporte « qu'une partie de la population avait été exaspérée des *violences* auxquelles s'étaient livrées en cette ville les dernières troupes allemandes qui ont passé. . »

Le 12 janvier 1871, M. Robert, faisant fonctions de maire, informa officiellement, à la suite d'une réquisition, « M. le baron Printz de Bouchau, commandant de l'étape royale à Sens, du *pillage* des magasins pendant la journée du 13 novembre, et cet officier en acquit la preuve et se rendit à l'évidence (1). »

Enfin les réclamations écrites et détaillées adressées à la municipalité par les victimes, nous donnent une preuve certaine du pillage, et nous ne saurions mieux faire, pour en établir l'authenticité, que de donner ci-dessous le relevé des notes pour « pillage par les soldats prussiens » (ce sont les propres termes des réclamations). Les dossiers concernant les personnes citées se trouvent actuellement aux archives de la bibliothèque municipale de Sens :

Note du pillage du 13 novembre 1870 au soir (2)

Hôtel de *Paris,* M. Bourgenot, rue de la République (alors rue Royale)	1 120 fr.	»
Gandillon, corroyeur, 30, rue Dauphine	2 700	»
Chevalier, aubergiste, 33, place Saint-Etienne	209	25
Cauzard, marchand de vins . . .	290	»

(1) Le *Sénonais,* 12 janvier 1871, *loc cit.*
(2) Termes placés en tête des réclamations originales.

Courageux-Lebrun, aubergiste, rue
Saint-Bond, 53 . . . . . . 175 »
Delajon, charcutier, 24, place Saint-
Etienne . . . . 180 »
Dugas, marchand de tabac, rue Thé-
nard, 64 . . . . 10 »
Dozier, faubourg Saint-Pregts, 110 . 178 50
Fouet, marchand de vins, 33, place
Saint-Etienne . . . . . . 200 »
Jullien jeune, coiffeur, 35, rue Thénard. 30 80
Troué, marchand de vins, place Saint-
Etienne . . . . 40 »
Lhote, limonadier, Rond-Point, 1 . 106 »
Méry, Grande-Rue, 102 . . . . 150 »
Ménétrier, café de *la Paix* . . . 475 85
Piart-Viard, marchand de tabac, place
Saint-Etienne, 35 . . . . . 320 »
Bonneau, aubergiste, place Saint-
Etienne 20 70
Ursin, corroyeur, Grande-Rue . . 2 700 »
                          Total. . . . 8 906 fr. 10

Ce relevé ne peut donner qu'un chiffre minimum ;
nous n'avons pas tenu compte, en effet, des dossiers
ne détaillant pas le dommage causé et nous pour-
citer ceux de MM. Berthoud et Thouard comme faisant partie de cette catégorie.

Le résumé de cette triste journée se trouve sous
la plume de M. Dauphiné, qui écrivait dans son
journal, à la date du 11 novembre 1870 (1) :

1) *Le Sénonais, loc. cit.*

« On se racontait, dans les rues, les terreurs et les violences de la veille ; on apprenait que M. Ursin avait eu, comme M. Gandillon, sa porte enfoncée à coups de hache et son cuir volé ; que des officiers et des soldats étaient entrés dans différents magasins, notamment chez MM. Berthoud, Bonneau, Chevalier, Delajon, Jullien, Sicard, Thouard et Troué, qu'ils y avaient *pris* du vin, des liqueurs, de la charcuterie, de la pommade, des gants, etc. »

En comparant ces noms avec ceux portés sur le relevé ci-dessus, il est aisé de se rendre compte de l'exactitude des faits.

Le lundi 14 novembre était jour de marché à Sens ; beaucoup de paysans des environs s'y étaient rendus ; aussi les faits de la veille furent-ils vite commentés, puis colportés dans les campagnes voisines, notamment à Theil, localité située à quelques kilomètres de Sens, où le major von Kretschmann était cantonné et d'où il écrivit sa lettre n° 97.

Il convient de faire remarquer que le major a parfaitement pu être induit en erreur au sujet de la nationalité des troupes allemandes : tout le monde à Sens a confondu les chasseurs hessois avec les chasseurs du 9ᵉ bataillon ; il suffisait à un soldat de porter l'uniforme de chasseur, premier uniforme allemand vu par les Sénonais, pour qu'il fût considéré comme Hessois ; et aujourd'hui encore, beaucoup de témoins oculaires, en rassemblant leurs souvenirs sur les journées des 12, 13 et 14 novembre 1870, ne parlent que des Hessois, englobant d'ailleurs dans la même nationalité les autres troupes se trouvant avec les chasseurs. Tous les Allemands n'étaient-ils pas appelés Prussiens, même dans nos relations officielles? L'erreur est donc très admissible.

Afin de bien démontrer que le pillage s'est effectué concurremment avec les réquisitions, nous avons tenu à donner le relevé des réquisitions imposées à la ville et aux habitants par le même détachement dans cette soirée du 13 novembre. Ce relevé a été dressé avec le plus grand soin, et toute somme qui ne pouvait être justifiée n'a pas été portée ici. C'est encore un minimum que nous avons établi; il est bien entendu que nous nous réservons de publier les noms et le détail des réquisitions si la moindre objection était soulevée.

Réquisitions imposées à la ville et aux habitants le 13 novembre 1870

Ferrure	49 fr. 25
Fourrage	624 85
Café	1 877 15
Eaux-de-vie	1 567 80
Alimentation sur place, charcuterie, comestibles	677 30
Cuir, chaussures	42 657 55
Ganterie	232 35
Bougies	4 20
Voitures, chevaux	296 »
Travaux exécutés	214 80
Lanternes	12 »
Tabac, cigares	168 50

Huile de mouton 5 50
Contribution de guerre . . . . 7 600 »

Total. . . 55 987 fr. 25

Après avoir examiné les faits auxquels le général von Kretschmann fait allusion dans sa lettre nº 97, nous allons analyser avec la même impartialité ceux qu'il cite dans sa lettre nº 98.

VOL DU CHEVAL, DE LA SELLE ET DE LA BRIDE

Nous le trouvons exposé tout au long dans la brochure *Histoire de l'Invasion allemande*, publiée le 5 avril 1871 par A. Billebault, alors conseiller municipal de Sens. C'est d'ailleurs lui qui en avait été la victime.

« Le 13 novembre, dit-il (page 9), en rentrant à l'hôtel de l'*Ecu*, une foule d'hommes de différents grades me descendirent littéralement de cheval et se mirent en devoir de me le prendre. La résistance était inutile, car j'eusse été écrasé par le nombre, mais j'allais droit aux officiers qui déjeunaient, et je leur dis :

« Je savais, messieurs, que vous étiez de grands « vainqueurs, mais je n'aurais jamais supposé « que vous étiez des voleurs; on me prend mon « cheval. »

« M. le comte de Bellegrade (un officier allemand) me le fit rendre sur-le-champ, ce qui n'a pas empêché à quelques maltôtiers des leurs de me prendre ma selle et ma bride. »

Cette selle et cette bride sont portées sur un état aux archives de la ville comme ayant été réquisitionnées *par un officier*. Nous voyons dans quelles conditions.

MEURTRE D'UN HOTE

Nous pouvons affirmer que personne n'a été tué à Sens par les Allemands les 12, 13 et 14 novembre 1870. Les registres de l'état civil de la ville le prouvent d'une manière positive, puisque, du 10 au 18 novembre, il n'y est porté que le décès de deux vieilles femmes, d'un bébé et d'un conseiller municipal, M. Vaudoux, mort entre les bras de ses collègues, à la mairie même.

Après une minutieuse enquête, nous avons cependant pu découvrir le fait qui avait donné naissance à ce bruit. Il s'est passé à l'hôtel de *Paris* (alors rue Royale) ; il est cité par M. Dauphiné dans son journal (1). M. et Mme Bourgenot, qui étaient les propriétaires de cet hôtel en 1870, nous l'ont confirmé ; ils habitent actuellement Sens, 46, rue Victor-Guichard.

« Quand notre hôtel fut envahi, le dimanche 13 novembre, à 6 heures du soir, — nous dirent-ils, — des soldats et des gradés voulurent se faire ouvrir une armoire sous prétexte d'opérer une perquisition. Cette armoire renfermait une valise appartenant à un voyageur et contenant des bijoux en imitation et en or doublé ; elle avait été confiée au domestique de M. Bourgenot, le nommé Cadet, vieillard alors âgé de soixante ans. Comme ce dernier ne leur obéissait pas avec assez de prompti-

---

(1. *Le Sénonais, loc. cit.*

tude, il est renversé, foulé aux pieds et se relève avec deux dents cassés et un poignet démis. »

Tels sont les faits dans leur vérité.

Quant aux causes de l'inconduite et de l'indiscipline de ces troupes, il faut les attribuer sans restriction à l'état d'ivresse dans lequel elles se trouvaient.

Ajoutons que leurs officiers ne leur avaient pas précisément donné le bon exemple, pendant cette journée et cette soirée du 13 novembre. Les paroles suivantes adressées à M. Dauphiné, l'interprète officiel, par un officier allemand qui ne buvait pas avec les autres, nous serviront de conclusion (1) :

« Monsieur, lui dit-il, voyez dans quel état se trouvent mes camarades : ils ont oublié le respect qu'ils se devaient à eux-mêmes et leur raison les a abandonnés. Ils sont capables en ce moment de se livrer à toutes les extrémités. Leur résister en quoi que ce soit attirerait les plus grands malheurs sur la ville. Engagez M. le maire à se soumettre à leurs exigences; je vous le demande au nom de l'humanité. Vos bourses en souffriront peut-être, mais que du moins le sang de vos concitoyens soit épargné.

« Si des ordres cruels venaient à être donnés, je serais impuissant à en empêcher l'exécution. La guerre est un grand malheur : cherchons à la diminuer dans la mesure de nos forces. »

Ch. W.

______

(1) *Le Sénonais, loc. cit.*

TABLE